JEHAN
LE CHRONIQUEUR,

Chroniques.—Légendes
ET TRADITIONS POPULAIRES
DU BOISSONNAIS

PAR

JULES BRISEZ.

Multa renascentur quæ jam cecidere cadentque.
Horace.

PARIS

Chez DUMONT, LIBRAIRE,
88, Palais-Royal, au Salon Littéraire.

—

1835.

JÉHAN

LE

CHRONIQUEUR.

SOISSONS,

IMPRIMERIE DE GILLES-GIBERT.

JEHAN

LE CHRONIQUEUR,

Chroniques.—Légendes
et Traditions populaires
du Soissonnais

PAR

Jules BRISEZ.

Multa renascentur quæ jam occidere cadentque.

HORACE.

PARIS

Chez DUMONT, LIBRAIRE,

88, PALAIS-ROYAL, AU SALON LITTÉRAIRE.

—

1835.

PRÉFACE.

Il n'est personne assurément, qui n'ait remarqué dans ces dernières années, la tendance de la littérature vers le moyen-âge. Plus d'un individu a cherché à se rendre compte de ce retour du présent vers le passé, et les opinions se sont partagées sur la cause.

Quelques-uns, attaqués sans-doute d'insouciance — cette maladie du siècle — n'ont trouvé d'autre motif à la réhabilitation contemporaine du moyen-âge, que l'effet d'un caprice, d'une fantaisie de l'esprit littéraire. Puis, voyant que la Mode, ce papillon d'un jour, qui se pose sur toute innovation comme sur une fleur fraîchement éclose, imprimait à tout ce qui nous entoure le cachet original du moyen-âge ; alors, sans crainte pour le présent, sans inquiétude pour l'avenir, ils se sont dit : — c'est un goût qui passera !

Quelques autres au contraire, ont pris la chose plus au sérieux. Ce sont les prédicateurs des *saines doctrines littéraires :* écrivains scrupuleux qui en sont encore à la littérature de l'empire, et pour qui le temps n'a pas marché dans ces vingt dernières années. Sans pitié pour tout ce qui n'est pas drapé à la grecque ou vêtu à la romaine, quel n'a pas été leur effroi, en voyant la marche de l'esprit littéraire, qui rétrogradait, à leur avis ! Au lieu d'une puissance qui crée, ils n'ont vu qu'une impuissance qui reproduit. Ils se sont émus à la lecture de ces pages modernes, empruntées au langage naïf de Rabelais et de Froissart, et, barbares eux-mêmes, ils ont crié à la barbarie, jusqu'à ce que s'apercevant enfin que leur voix n'avait plus d'écho, alors, Catons littéraires, ils se sont enveloppés stoïquement de leur manteau romain en se disant : — la littérature est tombée en enfance !

Dieu leur accorde longue vie et fasse paix à leur mémoire !

D'autres enfin, pleins d'amour pour le

moyen-âge, pleins d'enthousiasme pour une époque si parfumée de poésie, si chatoyante de gloire, ont regardé l'influence qu'il exerce sur la littérature de nos jours, comme une conséquence naturelle de tout ce qui s'est passé depuis cinquante ans. Aujourd'hui où l'égalité a passé son joug de fer sur la société et nivelé tous les rangs, où le positif a envahi nos habitudes, où les mœurs de la plupart des classes tendent à se fondre pour devenir unes, où les couleurs tranchantes qui les faisaient ressortir aux siècles passés ont pâli au point de ne plus former que des nuances souvent même imperceptibles à l'œil de l'observateur, à quelle époque plus vive en couleurs, le poète ou le romancier ira-t-il demander des caractères saillants, des passions ardentes, des mœurs naïves, sinon au moyen-âge? — Et l'antiquaire!... lui, à qui l'amour de l'art a soufflé au cœur la passion d'étudier l'histoire du passé sur les monuments contemporains, et de juger l'esprit des siècles sur leurs œuvres, quels mécomptes ne l'attendent pas à la vue de ces derniers vestiges de la féodalité, que les hommes à défaut du tems s'empressent de faire disparaître, comme s'ils pouvaient jamais les remplacer par des monuments dignes de les faire oublier? Quelles déceptions encore ne lui sont pas réservées, quand il voudra interroger ces débris, pour redire les chroniques inhérentes au sol et qu'à peine la tradition pourra l'aider dans ses recherches laborieuses?.. N'est-ce pas au passé à le consoler du présent?

Aujourd'hui donc, où tour-à-tour le tems et le maillet spéculateur sapent les admirables productions du moyen-âge, où

les traditions s'effacent de nos souvenirs. :
quiconque sentait palpiter son cœur pour
tout ce qui rappelle l'époque où elles ont
pris naissance, a dû éprouver comme une
nécessité, le besoin de relever ces châteaux
qui tombaient, de rendre une vie nouvelle
à ces traditions qui se mouraient dans la
mémoire des hommes. Delà, cette marche
de l'esprit littéraire à la conquête du moyen-
âge : delà, son empressement à étaler à nos
yeux éblouis ses trésors trop long-temps
méconnus.

Ce besoin, nous l'avons ressenti pour la
contrée de notre adoption, contrée si riche
en chroniques chevaleresques, en légendes
monacales. Quel pays en effet plus circons-
crit que le Soissonnais, pourrait offrir autant de matériaux à l'étude de l'antiquaire
ou aux recherches de l'archéologue, quand

de quelques côtés que l'on jette la vue, l'œil vient se reposer sur des ruines qui révèlent des traditions féodales !

Ici, se trouve l'abbaye de St.-Jean-des-Vignes, devenue triste comme une ruine, silencieuse comme un tombeau. De ses remparts capables, au dire de Charles-Quint, de soutenir un assaut d'Espagnols, il ne reste plus que quelques tourelles tronquées, suspendues çà et là aux angles des murailles comme autant de nids d'hirondelle. De son église admirable, le pic révolutionnaire a seulement épargné sa double flèche dentelée, tailladée, sculptée, ouvragée, déchiquetée comme si elle avait passé par le mordant d'un emporte-pièce. Belle aux premiers jours de sa jeunesse, plus belle encore au temps de sa vieillesse, alors que les années l'ont parée de leur manteau séculaire.

Là, l'église de St.-Pierre transformée en une écurie de rouliers.

Non loin, St.-Médard. St.-Médard! vaste abbaye et forteresse redoutable encore au XVIIe siècle, avec ses triples remparts, ses arsenaux où se confondaient l'oriflamme des combats et la bannière des autels, avec ses abbés-militaires, tantôt la cuirasse au dos, tantôt revêtus de la chape, maniant avec une égale aisance et la croix et l'épée dont la forme différait peu entre leurs mains.

Voici Braisne, cette antique Bibrax de César, avec son Château-du-Haut perché sur la croupe calcinée d'une montagne, comme un nid d'orfraie dans les fissures d'un vieux chêne crévassé par la foudre : jadis si redoutable et si redouté; aujourd'hui, devenu le sablier du tems par les

pierres qui s'en détachent à chaque heure
du jour. Ainsi l'a réduit l'INDIFFÉRENCE, ce
vandalisme bâtard, muet, ignoble, le pire
de tous, parce qu'il est froid, sans passion
qui l'anime, sans vengeance qui le guide,
sans haine à satisfaire. Espèce de lèpre qui
s'empare des monuments à la face et les
ronge et les défigure à ne plus les reconnaître. C'est le mal des ardents qui les prend
pleins de vie et de santé et qui nous les
rend squelettes.

Plus loin, la Ferté-Milon, beau château-
fort dont le nom est honorablement inscrit
aux pages sanglantes des guerres de la
ligue : démantelé par Henri IV pour sa trop
longue et trop belle résistance. Lâche vengeance après une victoire achetée par
quatre ans de siége.

Plus près de nous, est Villers-Cotterêts

avec son château de plaisance, œuvre de l'art au XVIe siècle qui a pu résister jusqu'à ce jour aux tourmentes révolutionnaires, en subissant l'ignominieuse métamorphose d'un dépôt de mendicité.

Plus près encore, Vauxbuin, qui rappelle la réconciliation de Henri IV et de Mayenne; et Chevreux, le séjour qu'y fit le dernier des Guise.

Cœuvres... c'est-à-dire jeunesse et beauté, amour et faiblesse! Nom qui raconte à lui seul un long poëme d'amour, dont le dénoûment fut un drame sanglant.

L'abbaye de Prémontré, ex-voto digne d'un sire de Coucy. Ruche monacale sans-cesse en travail, qui, durant six siècles, jeta tant d'essaims par la chrétienté.

Folembray avec ses souvenirs d'amour, rappelant aux mêmes titres les noms de

François 1ᵉʳ et de Diane de Poictiers, de Henri IV et de Gabrielle d'Estrées.

Le noble et beau château de Coucy dont on a fait carrière dans ces derniers tems. Il y a deux siècles encore, si fier et si fort, si imposant et si féodal, si riche en souvenirs de gloire et d'amour, de vaillantise et de chevalerie.... aujourd'hui, squelette architectural à l'ombre duquel, viennent, le philosophe se bercer dans ses méditations, le poète chercher des inspirations, le peintre une page de plus à ajouter à son album.

Anizy, avec son château de plaisance à double face, moderne au levant, gothique au couchant ; célèbre par le séjour du cardinal de Bourbon, les visites fréquentes qu'y rendit François 1ᵉʳ, et le passage qu'y fit Charles-Quint ; hier intact.... aujourd'hui, méconnaissable par ses mutilations saignantes encore.

Ainsi donc, comme on le voit, sur quelque point que l'on foule le sol Soissonnais, le pied ne fait que heurter ruines et débris. De quelque côté que l'on porte ses regards, les mêmes regrets vous poursuivent, le même spectacle des vicissitudes architectoniques vient attrister l'âme et serrer le cœur. Et c'est quand nos vieux monuments nationnaux disparaissent de la sorte, que l'on viendrait nous jeter froidement le reproche, d'en fouiller les ruines pour mettre au jour leurs chroniques ! Qui donc pourrait condamner cette noble tendance de l'esprit littéraire, à vouloir arracher à l'oubli du passé tout ce qui rappelle une époque qui savait imprimer à la moindre de ses productions, ce cachet original que donnent une piété naïve, une croyance ardente, une conviction profonde, toutes choses qui tombent, s'effacent et disparaissent chaque jour de nos mœurs ?.. Certes, celui-là n'aurait ni poésie au cœur ni foi dans l'âme !

Déjà quelques provinces, ont vu dans ces dernières années, surgir un de leurs enfants, qui s'est plu à raconter leurs chroniques poétiques et leurs traditions populaires. La Provence, la Franche-Comté, la Bretagne, la Normandie, le Cambrésis, etc., etc., ont trouvé dans leurs chroniqueurs, d'heureux interprètes. Moins favorisé qu'eux, nous aussi, nous avons essayé d'exhumer une partie des vieux souvenirs du Soissonnais. La critique pourra dire que nos forces ont trahi notre bonne volonté, mais du moins elle ne nous refusera pas la seule prétention que nous ambitionnons, celle d'avoir été le premier à indiquer du doigt une mine riche en filons, qui ne demande

qu'une plume moins faible que la nôtre
pour être exploitée avec bonheur. — A un
autre à mieux faire, nos vœux lui appartiennent de droit !

JULES **BRISEZ**.

Soissons, 16 octobre 1835.

LE LION DES ENGUERRAND DE COUCY,

OU

LA FONDATION DE PRÉMONTRÉ.

Se d'armes auoir renommée
Tu veulx ; si poursuis mainte armée ;
Gard' qu'en bataille ne barrière
Tu ne soyes vu derrière.

Ayes pitié des pauures gens
Qne tu voys nuz et indigens,
Et leur addes quand tu porras ;
Souuiengne-toy que tu morras.

Dits moraux de Christine de Pisan à son fils.

CHAPITRE PREMIER.

§ — I.

1120.

Le sire Thomas de Marles, issu d'Enguerrand I, comte d'Amiens, baron de Boves, châtelain de Coucy par la grâce de Dieu et seigneur d'autres lieux par la force de son épée, était depuis très-long-temps retenu pour cause de maladie en son châtel-fort de Marles en Laonnois.

Usé de bonne heure encore par de nombreux
travaux et de fréquentes guerres, le noble châtelain sentait approcher chaque jour sa dernière
heure. Ce pourquoi par un beau matin qu'éclairait
un soleil de printemps, manda-t-il près de soi son
fils qui venait de toucher à sa vingt-unième année.

— Enguerrand, mien filet de cœur et de sang,
parla le vieillard souffreteux, en présence d'une
noble et brillante assistance, il ne tient qu'à vous
de grandir désormais en renom ; dès à présent vous
en octroyons le permis. A cet effet ayez cure de
vous ramentevoir les belliqueux faits et gestes de
votre ave Enguerrand le premier du nom, et d'a-
voir sans trève aucune présent à l'esprit, que toujours on gagne à bien agir et qu'à beau début suit
belle fin....

— Par votre noble épée ! mon moult honoré
père, interrompit le jeune Dameret, chacun dire
des vôtres est dard décoché à l'endroit de mon
cœur, dà ! que si en aviez le dessein, soyez satisfait ; car il est à savoir qu'avez le but atteint. Ains
dites à moi, vous prie et ressuplie, à quelle fin tel
début d'admonition? Que si fidèle est ma souvenance, j'estime n'avoir onc démérité de votre glorieux lignage, partant ne m'être rendu digne
d'icelle remontrance.

— Sans conteste, reprit aussitôt le châtelain, qui, malgré ses souffrances, se trouvait déjà moins vieux et moins débile, rien que de voir ainsi son sang bouillonner en sa progéniture. Or, faites état, poursuivit-il, que si vous verbocine, ce n'est en punition de male action, ains pour vous engarder à l'avenir de toute coulpe si minime qu'elle soit. Endà! endà! eu égard à cettui quart-d'heure, loin de moi de vous gourmander, pour ce que ne le méritez aucunement; voire dirai à bon escient, et ça à votre los et gloire, qu'avez été mon bras dextre jusqu'à ce jourd'hui, sur quoi ne vous baillerai-je d'autre merciment qu'en le proclamant haut et clair; tel était votre devoir. Ains par le sang des Coucy! ce n'est à suffisance pour votre âge actuel. Adonc apprêtez-vous dès cette heure-ci à tenir honorablement la place de votre géniteur en ses charges et qualités.

Ayant dit, il appela d'une voix sépulcrale un grand nombre de preux chevaliers expérimentés par les années et qui long temps avaient servi sous ses ordres, puis encore de jeunes et valeureux bannerets, compagnons d'enfance de son fils et ses rivaux dans l'apprentissage des armes. Nul ne fut à sa voix et sur son commandement qui ne se rangeât aussitôt à l'entour de sa longue escabelle, très-

désireux de savoir quelle fin se proposait le vieillard. La longue kirielle des noms étant mise enfin à
sec :

— Or sus, messires, continua le châtelain de
Marles, prêtez tôt et vite serment de fidélité entre
les mains du mien fils, pour l'avenir Enguerrand
deuxième, et jurez pardevant moi obédience au baron de Coucy, dès ce jour votre seigneur-suzerain.

A l'ouïr de ces paroles si inattendues, bien qu'ar-
demment désirées de la part du jeune sire, celui-ci,
tout glorieux de se voir baronnifié du vivant de son
père, se hâta de l'accoler avec étreinte filiale, cependant que tous les chevaliers présents éclataient
en acclamations de joie et formaient maints sou-
haits de prospérité à l'adresse du nouveau châtelain de Coucy.

La journée entière fut dédiée au plaisir et dépen-
sée en festins et passe-temps de diverses sortes :
mais il n'en fut pas de même pour le jour suivant.
Quand vint à sonner l'heure du départ du jeune Enguerrand deuxième pour son châtel-fort de Coucy,
il s'en vint trouver tendrement son père en le priant
de lui donner son congé en bonne forme.

— Adonc advancez un petit....., dit le vieillard
en faisant effort pour se relever à demi sur sa cou-

ché, laquelle jadis était de parade, mais par le temps présent de souffrances bien fort aiguës.

Ce dit et fait, s'étant étroitement accolés :

— Dieu vous baille longue vie et bonne fortune ce durant, fit le vieux comte en branlant le chef.

Là dessus tirant à lui ses deux mains amaigries célées dessous une courtine de soie, et, les imposant sur la tête religieusement inclinée de son fils :

— Ça ! vous octroie de franche amitié bénédiction paternelle, dit-il, et je désire du profond de mon cœur qu'elle vous profite en tout point. Ce n'est tout. Ores au cas qu'il ne nous soit plus possible de nous voir en deçà du tombel, ce dont j'ai lieu de suspicionner la réalité, ai à vous entretenir un petit mon fils ; adonc oyez !

Puis après un court repos de langue qu'il utilisa pour reprendre haleine, de la sorte poursuivit le noble châtelain.

— Or ça, voici venir bientôt le moment de rendre compte de mes faits et dits à Dieu suzerain du monde duquel nous relevons trétous ; las ! hélas ! l'ai de trop offensé, m'en confesse hautement et ce, vous présent Enguerrand, en espoir que ne m'imiterez pas en ce qu'ai fait de mal, ains que marcherez sur mes traces alors que j'ai bien agi. Donc, mon bon fils, gardez-vous bien, à mon.

exemple, de traiter le populaire, gent vassale, à la guise de vil troupeau, et de maugréer à chacune minute le saint nom du salvateur des hommes.

Avant toutes choses, jurez-moi de grâce, de ne vous admontrer onc félon ne couard en crainte de maculer le noble nom des Coucy que je prévois terluire glorieusement exempt de tache dans la postérité; car dites à moi qu'est la couardise au cœur d'un homme, sinon corde détendue à arbalète.... hein?

— Mon père, tenez note que sur ce point ne pécherai onc, fit le juvénil sire peu soucieux de cette dernière recommandation. Car dites, poulain dément-il d'ordinaire sa race? A-t-on jà avisé palombelle éclore d'aigle?... Non dà! ne agnelet issir de lion, ce me semble; ains au rebours lionceau grandissant chacun jour en taille et vigueur... Par mon épée! mêmement en sera-t-il de moi par rapport à vous. Bon sang ne ment onc : ainsi parle le dicton, l'aviez-vous jà perdu de remembrance, mon père?...

— Venez çà, mon fils, que vous accole de plus près pour tant bonne envie de bien faire, reprit le châtelain. Un conseil encore à votre adresse : gardez à toujours écrit en votre souvenance qu'être franc de taches est le plus bel et honorable guerdon qui puisse tenir lieu d'oreiller au lit de mort.

Voudrais dire que l'éprouve à cette heure-ci, ce n'est; que la volonté de Dieu soit!

Afin de complaire à leur sire qui se faisait dévotieux depuis que la vieillesse le clouait à son lit de mort, et ne pas manquer en sa présence à ses devoirs de bon chrétien, chaque chevalier répondit: *Amen!* à une aussi belle recommandation et se signa sous le semblant d'une dévotion grande, ce qui mit beaume de bien aise en l'âme du vieux châtelain, en pensant qu'il confiait son fils à des hommes-d'armes marquant si bonne intention à l'égard de Dieu.

— Ores allez, mon fils tant bien aimé, reprit le sire de Marles; n'ai plus rien à vous dire, sinon que forme souhait aux fins que l'heur vous fasse à toujours escorte par le chemin de la vie.

Sur ce, après force « Adieu, mon fils! et force » « Dieu vous gard' mon père! » longuement dits et redits de part et d'autre, le jeune Enguerrand fait baron de la veille, prit place en tête de sa compagnie d'élite, et partit du manoir paternel de Marles, en se dirigeant en grande hâte vers la châtellenie de Coucy.

§ — II.

Trois huitaines étaient déjà pleinement écoulées
depuis la prise de possession par le jeune châtelain
de sa baronnie, faite aux cris de liesse des bourgeois, métiers et rustiques du pays, que le préau du
châtel n'avait encore cessé de desemplir. Seigneurs-
châtelains relevant de Coucy, hommes-d'armes ,
destriers et serfs à eux appartenant encombraient
les abords à force d'y appleuvoir. Tout hobereau

ou gentilâtre campagnard ayant girouette sur son pignon ou tourelle en sa cour, ne se faisait faute d'accourir hâtivement au manoir de Coucy en tête de ses sous-vassaux, pour requérir l'admission de la foi et hommage entre les mains de leur nouveau suzerain, comme ainsi le comportaient les coutumes et les chartes féodales. Donc c'étaient chaque jour venues nouvelles au château seigneurial voire aussi nouvelles fêtes et réjouissances.

Or par un beau matin la plupart des preux qui faisaient partie de la suite du sire de Coucy, étaient réunis en une salle d'apparat, attendant comme aux jours passés de nouvelles réceptions et révérences. N'ayant pour le moment en leur compagnie ni dames ni damoiselles partant non plus sur les lèvres de propos courtois et d'amoureux devis, ils se mirent à discourir entre eux sur les quêtes que les moines de la baronnie de Coucy avaient l'habitude de faire chaque fois qu'un nouveau seigneur-suzerain venait prendre possession de son châtel.

Par malheur pour la gent monacale, il ne se trouvait un seul chevalier parmi les assistans, des plus avancés en âge comme des plus jeunes, qui n'avouât donner la préférence à de chauds combats et à de bons coups de lance qu'à de saintes messes ou de sacro-saintes bénédictions.

Aucun donc en conséquence de telle inclination
n'apparaissait disposé à faire des largesses aux quê-
teurs d'abbaye. Aussi bien, eu égard à de telles aumônes, pages, varlets, chevaliers n'avaient-ils souci
de mettre à nu leurs intentions ; si bien que de propos en propos touchant telles quêtes, ils en étaient à
discourir follement contre les ministres de Dieu,
en haine des maux dont ils avaient grévé le sire
Thomas de Marles, pour n'avoir jamais consenti à
marcher en-deçà des évêques, mais toujours d'une
semelle au moins en avant d'eux.

— Par le nom sacré du salvateur des hommes !
lardonnait un des plus âgés quasi tout le jour durant armé de pied en cap, il ferait beau voir prieur
de moûtier, voire évêque nous ordonnancer de
génufléchir pardevant crosse ou bâton pastoral ! A
moins de miracle d'en haut, du tout serait impos-
sible la chose, j'ai idée, pour cause de nos cuis-
sards d'airain incessamment bouclés aux genoux et
ce au très-mieux.

— Oui-dà ! compaing, ajouta un autre, onc ne
doit-on aviser cotte-d'arme s'abaisser par-devant
mître épiscopale. Notre sire Thomas ne nous a-t-il
pas admontré comme devions agir à l'égard de
tout enfroqué... hein ? Par la mule du pape ! ainsi
ferai-je moi, en suivant le sien exemple, dussé-je

mêmement que lui, passer de cettui monde en l'autre bâté d'une sainte excommunication.

— Moines et loups! que si j'ajoutais créance aux conseils de tous ces moinillons, dit le jeune Enguerrand deuxième devenu déjà oublieux de la dernière recommandation à lui faite par son père, me dévétirai au préalable de bons fiefs à leur advantage, sans quoi, nul espoir pour moi de parvenir onc en région célestine après mien trépassement.

— Propos bien dit, ajouta sus un juvénil banneret sans poils encore au menton. Baillez-leur ce jourd'hui cencive; demain, de votre générosité ils requèreront privilèges nouveaux. Au jour d'après, abolition pour ce qui les regarde de droits féodaux, et onc ne les entendrez dire : — Merci, mon seigneur, sommes satisfaits à souhait.

— Endà! fit remarque un valeureux preux, c'est vérité d'avancer que moûtiers et abbayes ne sont onc à leur gré assez pourvues en bénéfices. Par le temps présent, misère-dieu! prieurs et maîtres-abbés sont si très-peu vergogneux de quêter avec belles oraisons melliflues aux lèvres et d'acciper de tout venant de dextre et senestre, qu'un jour luira par ma fy! où plus riches ils seront et plus superbes apparaîtront que châtelains et seigneurs.

— Par la croix-dieu! fit le sire avec un geste

impétueux, ainsi ne sera de mon vivant dà ! Pour ce, n'est-il bastant de se recorder la vie du châtelain de Marles, mon père de moult honorée mémoire. Icelui pour n'avoir pas voulu saluer de l'épée de chevalier mîtres épiscopales, et n'avoir non plus obtempéré aux admonestances canoniques, fut dûment excommunié en concile de Beauvais par sentence irrévocable registrée en cour de Rome. Ce néanmoins n'alla-t-il de mal en pis ainsi que moines et évêques le prédisaient en leurs prêches fulminatoires. Flammes d'enfer, fourches et tenailles de diable, à leur dire, n'étaient rouges à suffisance pour ardre Thomas de Marles. Maugré ça, par la suite des années, moyennant belle et forte aumône bailléc à gent cléricale, le sire notre père fut absolvé de toute coulpe en cettui monde. Sonne maintenant la sienne heure dernière — la plus lointaine meilleure sera, — par le moyen de grosse épargne, les mêmes évêques qui l'ont expellé de tout lieu saint, comme indigne d'en hanter un seul, le recevront en giron d'église, n'en doutez aucunement. D'abondant, si m'en cuidez, ne tirons souci de toutes ces excommunications et tourmens pâtis en enfer que nous croassent à tout propos moines et moinillons. Vertu de froc ! m'est avis que ce sont autant de sornettes par eux inventées pour tirer profit de la crédulité humaine.

Le sire de Coucy était bien jeune encore, pour que de tels propos ne fussent pas méséants en sa bouche. Sans nul doute Dieu l'avait amené à si piteuse croyance en sa sainte religion, pour le rendre au vu de tous dévotieux à son gré et leur servir d'exemple. Car est-il juste de faire savoir qu'à dater du jour même où Enguerrand deuxième proférait de telles paroles, il se fit voir tout autre que par le passé, profondément converti qu'il fût par un fait qui pourrait à plus d'un apparaître fertile en doute, s'il n'était certifié véritable. C'est en outre ici le lieu de dire que jusqu'à son trépas glorieusement advenu en Asie, où il combattait pour la défense de la croix, le jeune châtelain vécut dans la crainte de Dieu, s'acquittant de tous ses devoirs de vrai chrétien, et faisant grand bien aux moineries dont il pensait si follement au temps de sa jeunesse.

§—III.

Or donc le sire de Coucy et ses compagnons en étaient sur ces propos, quand voici advenir en toute hâte un écuyer de garde aux remparts. Il apportait l'avis que pour le moment on avisait en plaine tirant vers le castel, forte cohue de rustiques non point batifolant comme de coutume, et poussant des cris de Noël! Noël! mais ayant le semblant de marmoter plus de patenôtres que de joyeux devis, et suivant tête baissée, et d'un air grossement piteux, un abbé revêtu d'une humble cagoule.

— Par ma baronnie de Coucy ! s'écria le sire à l'ouïr de la nouvelle, bien mal leur prend de venir par ce présent jour, vu qu'en tel quart-d'heure n'ai souci aucun de leur octroyer chose tant minime soit-elle. Qu'ils ne me parlent de quêtes ne largesses, car ce seront paroles jetées au vent.

Peu curieux de laisser pénétrer une telle fourmillière de rustiques en dedans son manoir, Enguerrand marcha incontinent à leur rencontre à la tête de ses hommes-d'armes qui ne se faisaient faute de railler « tous ces braillarts, gent vassale de riche monastère sans doutance, disaient-ils, accoutrés ce nonobstant de mal en poinct. »

— Mître et crosse ! murmura le baron châtelain à leur vue, cuideraient-ils par cas fortuit que j'aie déjà enfoui en ma désouvenance les libéralités innumérables du prime Enguerrand mon ayeul, à l'égard des abbayes de Saint-Fuscien et de Nogent, sans rappeler encore les plantureuses aumônes qu'il daigna bailler de son bon vouloir aux églises et chapitres de sa châtellenie. Grâce à Dieu ! tout ce est-il très-bien registré en ma souvenance, comme si le fait datait d'hier. — Or ça qu'ils adviennent tôt ! Par la huitième tête de Saint-Jehan, enchassée en la basilique d'Amiens, moult me tarde de les verbociner pour leur en rendre fraîche la mémoire !

Les rustiques touchaient au pont-levis, et néanmoins ne cessaient de faire entendre de sourds gémissements. — Las! las!... — grommelaient-ils, la voix étouffée par leurs sanglots. De vrai! c'était à fendre le cœur des plus endurcis à la pitié, que d'entendre seulement leurs plaintes et leurs soupirs. — Par mes aves et ataves trépassés et mes hoirs à venir, quelle litanie cela?... fit le sire en hochant la tête de façon peu avenante. Messe de trépassés ne serait plus triste, j'ai idée, dit-il par manière de raillerie. Puis poursuivant sans faire mine d'aviser l'abbé : Holà! qu'est-ce à dire de tant et si grandes quérimonies? Allons tôt au fait, bonnes gens, dégoisez ça bref et vite, sans ambages ne détours.

Ceux-ci à un tel accueil, larmoyaient et se désolaient de plus belle. Alors le maître-abbé, du nom de Norbert, qui déjà exhalait odeur de sainteté, parce que, à l'exemple des anciens anachorètes, il menait sa vie au milieu des bois et des solitudes de la contrée, ne se nourrissant jamais que d'herbes et de racines sauvages, s'empressa de sortir des rangs à l'interpellation faite par le châtelain au populaire. Après avoir mis son chef à nu, par respect pour le sire et par révérence pour la compagnie, il éleva la voix, et dit sans se déconcerter de la rebuffade du jeune Enguerrand, que tous les vilains, là présents, connaissant sa valeur déjà proclamée au lointain, accouraient le supplier en conséquence au nom de la très-sainte vierge, de venir à leur aide et secours. Sur ce, il fit savoir que les campagnes circonvoisines boisées en grand' partie, étaient à l'heure sonnante hantées par un animal carnassier d'instinct et féroce de naturel, mettant sans pitié ni merci les villages à sac, et n'ayant souci de déchirer de ses griffes et dents hommes ou femmes, enfants ou vieillards. Jamais ne vit-on, affirmait-il avec de beaux serments, bête semblable en la con_trée, mais bien plutôt au pays d'Asie. Car, à son idée, ce n'était rien moins qu'un bel et fort lion, pareil en forme de face et de côté, à ceux que les seigneurs chrétiens avaient fait pourtraire sur leurs écussons, au retour de leur expédition sarrazine.

— Donc à cette cause, valeureux sire, termina l'abbé, voyez-ci venir tous ces vilains en espoir d'être par vous libérés. Par le saint martyrologe! serait-ce à dire que n'auriez pas égard à leurs peines et sanglots?

Au nom seul d'un lion, le jeune châtelain avait noblement relevé la tête et promené ses regards sur la foule. A peine le saint ermite eut-il cessé de parler, que le sire reprit ainsi :

— De Dieu!... un lion ès-forêts de Coucy! Ça quel de vous trétous se peut jacter de l'avoir apertement avisé?

— Tous aussi bien que moi, fit réponse l'abbé.

— Par le chef de mon aïeul! continua Enguerrand, en achevant de dégriller son heaume, êtes-vous bien sûr de tel fait?

— En suis tout autant acertainé, seigneur châtelain, que je parle en regard du plus chevaleureux qui onc a été et sera...

—Pour Dieu! mon père, m'est avis que me bonnetez-là outre mesure. Il n'affiert! maugré que votre parler soit confit en flatterie, j'accipe ce néanmoins présage tant beau d'avenir. Or sus, arrépondez sans feintise, la vôtre visière ne faillait-elle pas à l'endroit du susdit lion?

— Messire, avez-vous de cœur à suffisance pour vous railler ainsi de votre serviteur?

— A Dieu ne plaise! adonc, quand et quantes fois avez-vous avisé ce lion?

— L'autre hier encore l'ai-je arregardé et ce à bon escient.

— N'était-ce pas plutôt apparition visionnaire, demanda Enguerrand deuxième, toujours douteux de tel fait?

— Sainte messe! se récria l'abbé, trève de rail-

Ierie, messire chevalier, si n'ambitionnez que tout ce ne vous amène à mal. Que si ne parle le langage de la vérité, jura-t-il, les yeux exaltés au ciel et la dextre sur le cœur, mort en ce monde et damnation en l'autre pour moi!

Ça oyez, sire baron, les doléances et complaintes de ses malheureux vilains, et dites si tant et si gros soupiremens sont simulés..... Par la grâce de Dieu! libérez-les au plus vite et mériterez du coup, longs ans et bonne chevance.

— Suffit! mon père, repliqua le jeune sire de Coucy. Après ce, aurais tort de ne prendre pas fiance en votre dire; ores n'est-il plus besoin de m'inciter plus vivement à la rescousse.

Sur ce, il se tourna vers ses compagnons qui, à l'ouïr d'une telle nouvelle avaient senti leur courage les abandonner pour un moment, si grande était en ces temps-là la terreur inspirée par tout ce qui provenait du pays des Sarrazins.

Ce que voyant :

— Cœur et sang de Picard! s'exclama-t-il, qu'est-ce à dire de tous ces airs ennuageant vos visages? N'est-ce au rebours bonne chasse ès-forêts d'alentour à rasseréner un chacun? Par Saint-Hubert! être marri quand y a haut renom à acquérir, de souvenance humaine, chose telle ne s'est vue!

Chaque preux fit voir aussitôt par sa contenance
plus fière qu'il n'en fallait dire davantage pour faire
éclore bien vite en son cœur joie de tristesse.

Par ma baronnie! poursuivit lors Enguerrand,
j'affierai, mes amés, que le lion qui par ainsi bat
l'estrade, n'est autre qu'icelui du bohémien, lequel
nous a tant fortement éjoui, il se fera tantôt six
trente jours, dedans le manoir paternel de Marles.
— Holà! donc mes compaings, tôt le pied à l'é-
trier et nous dépêchons hâtivement à la besogne.
— Holà! debout mes fidèles varlets, et vous diligentez de seller, brider mon destrier de bataille.
— Holà! beaux pages mes hutins, à moi ma bonne
épée à double tranchant, à moi ma hache-d'arme
de fin acier trempée! — Et vous, messires les chevaliers, alerte aussi! Par la mort-dieu! si m'en cuidez, nous gardons bien de faire fi de tel pourchas,
car, sans conteste, il est à savoir que le gibier est
digne en tout point de seigneurs et preux tels que
vous et moi.

Puis, s'adressant à ses vassaux.

— Je, Enguerrand deuxième votre seigneur et
maître, bonnes gens, vous octroie merci de tant
bonne nouvelle; n'ayez souci de pourpenser que
touchant la votre pétition, il vous dénie recours
opportun : au rebours tenez pour assuré que sa

dextre ne défaudra onc pour tache si belle de soi.
Adonc à cette fin de faire ressusciter sus et vite votre joyeuseté défunte, vous promets et jure par ma
baronnie de Coucy, que serez libérés de toute terreur pas plus tard qu'à la vesprée à venir. —Allez !
j'ai dit.

§—IV.

Le châtelain ne s'était pas trompé dans ses conjectures à l'égard du lion qui depuis quelques jours ravageait la plaine de Coucy.

Après son départ du châtel de Marles, un bohème d'Egypte s'en était allé gagner quelques monnaies courantes par la ville de Saint-Quentin, en montrant aux bourgeois et métiers de cette cité, un lion embastillé à l'étroit et fort réjouissant à voir eu égard à ses mérites comme à sa douceur. La montre faite, idée vint à ce mécréant de tendre vers la ville de Coucy, à la nouvelle de l'arrivée du nouveau sire en sa châtellenie.

Ce pourquoi, après avoir tourné le dos au châtel-fort de la Fère, comme il s'apprêtait à dépasser sans encombre le bourg qui porte le nom du bienheureux Saint-Gobin, voici que le lion, à la vue des bois, témoigna par ses heurts et rugissements de quel prix à ses yeux était la liberté de courir par la forêt. Donc se sentant force et vigueur au corps et comme tout vergogneux de se voir emprisonné à l'étroit, il se prit à secouer ses chaînes et les barreaux de sa cage, à les ébranler tant et si fort qu'ils finirent par se rompre à demi. Le conducteur à face satanique n'étant assez osé pour servir en telle occurence d'écuyer à sa majesté léonine, non plus doucereuse comme par le passé, mais au contraire grossement irritée, ne songea aucunement à s'opposer à sa fuite. Au rebours, pensant avec raison qu'il ne résulterait nul avantage pour sa personne, s'il tentait d'entraver sa sortie, entre lui et le lion interposa-t-il le plus d'espace à force de fuir à grand renfort de jambes : si bien que nul étant là pour traverser sa délivrance, il arriva que d'efforts en efforts, le lion, une fois ses chaînes rompues, fit brèche telle qu'elle lui offrit passage pour s'élancer tout d'un trait de sa cage en campagne.

Quiconque l'avait vu enchaîné, ne pouvait revenir de sa surprise, en présence de ce qu'il savait faire. De souvenance d'homme on n'avait ouï parler de chose si merveilleuse. Bien que plus d'une semaine se fût écoulée depuis son départ de Marles, néanmoins l'ébahissement était encore le même qu'au premier jour. Sa belle éducation et sa douceur d'agnelet étaient surtout un sujet intarissable d'entretien pour les dames et les chevaliers de la châtellenie.

Dès l'abord dames et damoiselles séantes au manoir de Marles, à la vue de la bête tant insolite en nos climats, avaient de beaucoup rétrogradé en poussant de grands cris d'effroi. Mais il ne se passa un long-temps avant que ces jouvencelles si fort tremblottantes ne se rapprochassent de petits pas en petits pas jusques et si proche la cage, qu'à la fin devenues moins timides, elles offraient elles-mêmes au lion de fraîches michettes, que lui bien éduqué, ne recevait sans génufléchir courtoisement, et sans baiser à l'avance aussi doucettement que lèvres de chevalier, les mains blanchettes des gentes dames. Finalement, au dire de chacun, jamais ne fut spectacle aussi réjouissant que de lui voir faire mille et mille gentilles façonnettes en l'honneur de la beauté.

Œuvre de démon! de doucereuse et caressante qu'était la bête africaine en cage, elle retrouva bien vîte son caractère sauvage dès qu'une fois elle se sentit libre. Bientôt on ne la vit plus reparaître dans les campagnes sans qu'elle ne traînât à sa suite le deuil et la consternation. Les victimes humaines qu'elle faisait chaque jour l'avaient rendue l'effroi du pays. Les rustiques reculant devant l'idée d'opposer aucune résistance à un animal aussi féroce, et que dans leur superstitieuse crédulité ils s'imaginaient être satanisé comme les habitans des climats qui l'avaient vu naître, se contentèrent d'abord de prier Dieu de les prendre en pitié. Voyant que les prières et les oraisons n'arrêtaient pas le lion dans ses dégats, ils eurent alors recours au saint ermite Norbert, sur l'avis duquel ils vinrent trouver incontinent le sire de Coucy, dans l'espoir d'être par lui délivrés au plutôt.

§ — V.

La première impression de terreur aussitôt effacée, grande et tumultueuse fut la joie parmi les varlets et les chevaliers de la suite du sire de Coucy, à l'idée de pourchasser un lion en plaine, et l'empressement fut au comble afin d'être au plus tôt en selle. Aussi bref délai leur suffit-il pour se trouver dans la cour-d'honneur réunis en bel ordre, armés de toutes pièces, la lance sur la cuisse et les rênes

en main. Les trompettes-jurés, buccine en bouche, attendaient impatiemment le signal de sonner
le départ, quand au gré de chaque homme-d'arme,
apparut enfin le jeune baron, armé à blanc, à l'instar d'un valeureux preux, ne disant mot et faisant
voltiger son destrier de rang en rang, comme pour
démonbrer absens et présens. Après quoi revenant sur le front, il s'arrêta court, bridant ainsi
l'ardeur bataillarde de tous, et dit :

—Foi de moi! mes amis, je mire et remire l'ardeur belligérante qui vous fait bouillonner le sang;
ains est-ce à dire que des chevaliers sentant cœur
picard battre en leur poitrine, n'auront vergogne
de se ruer en masse encontre un ennemi seul! Los
et gloire! ainsi n'en peut-il être dà, autrement
l'attaque ne serait point égale. Or sus, avisons d'entre nous ci-présens, lequel s'estime avoir le plus de
dextérité au poing et de force au corps pour férir
le lion jusqu'à ce que trépassement s'ensuive. Sur
ma fi! mes féaux, que si m'en cuidez, y a là occasion de faire montre de vaillantise et braverie, et
ce au grand jour, car au mien avis heur cherra à
qui ardera de marcher en avant.

La chose, à vrai dire, était ardue à exécuter et
réclamait courage à toute épreuve : grand silence
se fit alors par le préau. Les chevaliers s'entrerc-

gardèrent, ne sonnant mot, mais se parlant du regard. Plus d'un parmi eux avait fourni des preuves non équivoques de valeur en maintes occasions, mais nul ne se sentait assez cuirassé d'audace pour marcher seul à l'encontre d'un lion.

Après un moment de répit :

— Camarade, fit le sire à l'adresse du réputé le plus grand en vaillance comme en taille, est-ce à dire que la proie ne te semble d'assez noble sang pour ta lame.... hein?

— Sang de Dieu, messire baron, fit réponse le mâle soudard, aimerais mieux guerroyer, vous affie, moi cinquième encontre trente ennemis à face humaine, ainsi que le fait échut, il y aura tantôt deux années, au siège d'Amiens, sous la conduite du valeureux Thomas de Marles, que de batailler à l'endroit d'une bête venue d'Afrique, pays des mécréans, toutes gens relevant de Satanas.

— En le cas, reprit le sire, sera-ce toi, bouillant Hugues de Nouvion, qui requères incessamment et combats et coups de lance!

— Oui-dà, beau cousin, répliqua le jeune banneret, me cuide tout aussi vaillant que qui que ce soit; le dis à voix élévée, pour ce que suis disposé à en parfournir des preuves et à requérir satisfaction envers et contre tous à quelconque me

soufflera mot de travers ou me portera nuisance ,
ce enfin à me mesurer contre tel ennemi qu'il vous
sera duisant, Angle ou Sarrazin de naissance , il ne
me chault , ains non à cettui lion débeller. A mien
avis , pour qu'en telle besogne la victoire couronne
l'issue , ai pour certain que nul d'entre nous tous
n'en viendra seul à bout, s'il ne sent en soi puissance du ciel , ce que pour ce jourd'hui n'éprouve
aucunement. — Or ça , comme ne suis encore qu'à
mes primes armes, aux fins qu'il n'advienne en
tête d'aucun , que ce soit couardise qui m'ait fait
venir telle réponse à la bouche, — il sortit des
rangs en se décoiffant le chef — voyez-ci ma tête
non plus emmaillotée de fer, fit-il avec de chaudes
larmes roulant dans ses yeux , ordonnancez à votre
guise, châtelain-baron , elle est à vous , de ce j'en
atteste le ciel.

— Voici qui est très bien parlé , fit le sire , sa
main étroitement en celle du juvénil Hugues, ai
bon espoir en telles larmes, car elles disent qu'à la
prime occurence tu prendras ta revenche, est-ce
pas vérité?...

— Puisque nul n'a répond haut par un bon oui ,
s'exclama enfin le sire en faisant dresser de l'éperon son coursier de bataille lequel, comme s'il
partageait la noble ardeur de son cavalier jetait

feu et flamme par les naseaux, eh bien! par les gestes glorieux de mon père, ajouta-t-il, en donnant
carrière à son courage, qu'il advienne heur ou
malheur, je prétends, moi seul, contre le lion guerroyer. «A beau début suit belle fin!» Telle sera ma
devise, n'en veux d'autre pour cejourd'hui. Ce au
moins ne sera-t-il dit en province voisine que plus
d'un chevalier picard aura conquesté icelle gloire.
Dieu aidant et mienne épée tranchant ai bonne
fiance en la réussite. Adonc, mes compaings, me
suivez si m'aimez.

Ce dit, il lança son destrier à triple éperon, et
nul ne se fit faute de marcher sur ses pas pour être
témoin des prouesses qui allaient être accomplies.
Que s'il n'en fut un seul qui sonnât mot par respect
pour son jeune seigneur, on n'en vit plus d'un de
joyeux, apparaître tout soudain pensif et rêveur,
sentant sans point de doute, sincère repentir en
l'âme de ne s'être mis plus tôt en avant.

Le départ se fit sans plus de retard vers la douzième heure du jour, aux acclamations d'une grosse
foule de manans et de vilains, qui advenus piteusement s'en retournaient joyeux comme s'ils étaient
déjà rendus à la tranquillité et conclamaient du
fond du cœur par où passaient les nobles cavaliers.

—Heur et bonne chevance au châtelain de Çoucy!

A quoi répondait celui-ci:

—A la garde de Dieu, bonnes gens, mes amés!

Ce n'est assez dauoir tesmoigné ton courage
A faire le projet d'un orgueilleux dessing,
Mets à l'œuure aussitost la sérieuse main;
Qui bien commence a fait la moitié de l'ouurage.

Othon Vani.

« Coucy à la merveille! »
Cri de guerre des Enguerrand de Coucy.

CHAPITRE II.

§ — I.

Sur l'ordre du sire Enguerrand deuxième, l'ermite Norbert avait enfourché une mule afin de le guider par les parages fréquentés par le lion. Après avoir galopé à bride avalée à travers champs et bois, à val et à mont, ils arrivèrent enfin en un quartier de la forêt que la bête africaine, au dire de tous, avait coutume d'élire pour sa retraite favorite. Aussitôt le jeune preux fit faire halte à ses suivans, et leur enjoignit par serment juré sur la garde de leur épée, quelle que soit l'issue du combat qui allait être livré, d'en rester à quelques pas de distance immobiles spectateurs ; ce que tous promirent solennellement, bien que blâmant un tel excès de témérité.

Le serment requis étant accompli, le sire bardé de fer de la tête aux pieds, désenfourcha alors son destrier, ayant à l'avance mis à l'air, en crainte de surprise, sa large épée à double tranchant, et passé une bonne hache-d'armes en son ceinturon.

Aussitôt, de compagnie avec l'abbé, il descendit en dedans la vallée peu espacée qui lui devait servir d'arène, tout en frappant son bouclier de son épée, et ne se lassant de clamer et acclamer bruyamment en espoir de dépister le lion. Celui-ci aux aguets, entendant un bruit insolite, sortit en tapinois d'un taillis fourré et apparut tout subitement à l'extrémité de la lice. Sur ce vu, ne s'y attendant pas encore :

—Par la chasse de Saint-Gobin ! messire abbé, me l'avez de *près montré*, fit le châtelain à son guide enfroqué lequel par prudence se garait fortement en arrière et songeait en se retirant au plus vite à mettre sa personne en lieu sûr.

A quoi fit-il réponse de loin, ses dents claquetant.

—Mon fils, priez par le seigneur protecteur du faible, et ce fait, bataillez sans timeur aucune.

—Bien dit, mon père, riposta jovialement Enguerrand, ains partageons la besogne s'il vous duit ; à vous les *oremus*, à moi les estocades....

Autant en emportait le vent : l'abbé n'entendait plus rien tant il avait déjà pris le large.

Durant ces propos, le lion gagna du terrein en courant à l'encontre du sire par bonds inégalement faits et toujours d'une hauteur prodigieuse.

Devenu en présence du danger plus dévotieux que par le passé, le baron-châtelain, pria Dieu, genou en terre et mains conjointes, de lui donner le courage et la vigueur nécessaires pour mener le combat à bonne fin. Ce qu'ayant fait, il se releva en accolant de la bouche la croix de son épée, et sur ce, il se sentit plus que jamais rassuré sur la victoire.

Advenu à une petite distance du sire, le lion s'arrêta court, s'étendit sur ses deux pattes de devant qu'il allongea fortement et se complut ainsi à le fixer sauvagement de ses deux yeux fauves. Par intervalle il ouvrait par manière de baillement sa large gueule et promenait de droite à gauche sur une double rangée de dents, comme pour les mieux aiguiser, une langue tout hérissée d'aspérités.

Certes il n'y aurait pas eu de lacheté à battre en retraite devant un pareil ennemi et le jeune châtelain n'aurait pas été deshonoré pour avoir renoncé à son audacieux projet; mais ainsi n'en fut-il! Le fils de Thomas de Marles sans prendre souci des risques auxquels il allait bravement s'exposer, tint bon et ferme à son poste. Il comprenait en présence du danger que ce n'était pas l'heure de mollir non plus de retrograder d'une semelle, aussi son regard s'enfllammait-il tant et plus à la vue de son royal adversaire; si bien qu'après l'avoir à son aise avisé, il ne voulut renier la gloire d'avoir marché le premier au combat. Ce pourquoi ses compagnons déjà émerveillés de sa noble contenence, le virent-ils s'avancer à pas précipités au devant du lion comme pour en finir plus vite.

De son côté le lion tout surpris de voir une aussi grande hardiesse, fit entendre par la vallée un roulement de rugissemens à faire signer les moins chrétiens et qui alla se répercuter par les gorges des collines environnantes. On eut dit qu'il sonnait la charge.... puis s'élancant tout-à-coup à grands bonds, il retomba gueule béante et rouge de sang à la portée du châtelain. Preste et agile, bien qu'accoutré à haut appareil, le sire se garant

de ça et de là , évita adroitement les chocs impétueux de son adversaire qui par sa souplesse à fuir
et revenir, ne lui donnait le temps d'espadonner
à son aise et n'offrait prise qu'à demi aux coups de
sa lame.

Se sentait-il aiguillonné aux flancs , le lion se
ruait alors de côté et d'autre, puis l'œil gros de
courroux , l'écume à la gueule , il se dressait sur
ses pattes de derrière et retombait sur celles de
devant pour s'élancer de nouveau haletant en
sauts inégaux. A fréquentes reprises ainsi le vit-on
revenir à la charge, se jetant avec d'horribles
rugissements sur le bouclier du sire qu'il enno-
blissait bellement des longues traces de ses ongles.
Abrité derrière ce rempart d'airain , le rejeton
des Enguerrand , semblait se jouer de sa colère
léonine et ne cessait de le harceler vivement de
la pointe de son épée. Mais las! par malheur pour
le sire, de trop près serré , sa lame devenait inu-
tile en sa main. Il avait beau frapper d'estoc et de
taille, de ci et de là, les coups qu'il portait allaient
mourir dans l'épaisse crinière du lion, sans faire
plus de ravage qu'éperons excitant un noble destrier à la course. Furieux de ne pouvoir mordre
sur le bouclier d'acier de son agresseur, le lion
tout écumant de rage le heurtait fougueusement

pour le faire cheoir et entraîner le sire dans sa chûte. Mais plus il montrait d'impétuosité, plus aussi le châtelain résistait en vigueur.

Ainsi se prolongea quelque tems la lutte, sans faire concevoir plus d'espoir pour l'un que pour l'autre.

§ — II.

Le sire Enguerrand voyant le combat se pro-
longer incessamment sans amener la défaite du
lion, se passionna bientôt d'une colère à nulle
autre pareille. Son cœur ne chevalier battait de
mâle rage de tant tarder à sortir de la lutte victorieux ou vaincu, mort ou vif. Ce pourquoi ayant
senti sourdre en soi l'idée d'attaquer le lion de
front, et ce, la hache-d'armes à la main, il jeta
tout soudain loin de lui et bouclier et espadon.

Voyant enfin le sire à découvert, le lion rugit d'aise et bondit à lui par élans saccadés en cherchant prise sur son armure de fer. A la première attaque il reçut un coup de hache tel que sa royale figure en demeura largement balafrée. A peine se fut-il senti blessé au vif, qu'il poussa de longs rugissemens plaintifs à remuer cœur et entrailles. Dans sa fougue africaine, ne connaissant plus ni frein ni obstacle, il fondit si prompt sur Enguerrand qu'il arracha une bonne poignée de mailles et d'annelets de sa camisolle de combat, puis se ruant fièrement en arrière il les broya entre ses dents, éparpillant à l'entour de lui force chainons d'acier blanchis d'écume fumante.

Le Châtelain se vit le cœur à découvert, mais il en eut moins souci que ses compagnons qui ne cessaient d'avoir les yeux fixés sur lui.

—Mort d'homme! parlaient-ils entre eux, que s'il est dans la destinée de notre chevalereux sire d'être navré à mort, fleur de chevalerie! c'est au cœur seul qu'il mérite de l'être, s'étant rendu condigne plus qu'à suffisance de ne recevoir pas ailleurs le coup du trépas. Mais qu'est-ce? serait-il écrit au célestin empire que tant jeunet d'âge et jà tant vieil de gloire, la vie pourpenserait à prendre congé de son corps par voie et si prompte et si violente....

Ainsi disaient les chevaliers. En présence du danger menaçant le fils de Thomas de Marles, tous brûlaient du désir de rompre le serment qui les enchaînait au lieu et place où ils étaient postés. Mais que si très-peu fervens on trouvait ces hommes-d'armes à l'occasion *d'oremus* ou patenôtres, très religieux étaient-ils à tenir un serment juré à la face du ciel. Cette observance de leur parole était portée à un tel point qu'ils eussent vu leur sire déchiré à belles dents que nul d'entre eux n'eut été assez osé pour aller à lui, de peur de passer à l'avenir pour foimentie aux yeux de tout chevalier. Au demeurant que si grands risques ils couraient d'être réputés félons à leurs devoirs en portant du secours à leur châtelain, tant que la victoire pendait indécise, du moins ne se faisaient-ils faute de former en commun des vœux bien sincères pour le succès de l'entreprise.

Cependant le lion paraissait irrité de rencontrer tant d'obstacles, si peu habitué à en trouver depuis qu'il était redevenu libre. Tantôt sa longue queue sifflait en se déroulant en anneaux, tantôt elle battait coup sur coup ses larges flancs, lesquels résonnaient sourdement comme des gerbées sous le fléau. A voir son œil enflammé s'attacher fiérement sur le châtelain, on l'eut dit indécis s'il quitterait la place et s'enfuirait à la désespérade; mais la vue du sang qui teignait en pourpre sa fauve crinière irritait son regard et le couroucait d'autant. Aussi le vit-on entrer de nouveau en fureur. Il recommença à darder sa langue sans-cesse affriandée de sang et à la laisser pendre hors de sa gueule béante altéré de vengeance qu'il était. Puis tout soudain il se précipita plus furibond que jamais sur le sire de Coucy.

La lutte fut rude et longue encore ; et il fallait résolue défense pour ne sentir pas son courage ébranlé par des attaques aussi impétueuses. Ce fut dans ce dernier assaut que le lion parvint à saisir à pleine gueule le cuissard d'Enguerrand, et que le tenant enchevêtré entre ses mâchoires, il le secouait avec grand cliquetis de ferraille, à le rompre en mille éclats ou à y broyer ses dents.

La vue du jeune baron tombé en si pressant péril, fit venir chaque preux à chair de poule et chacun d'eux laissa échapper un cri d'effroi semblable à un gémissement de moribond. Dans leur crainte, leur sire leur apparaissait déjà abattu et devenu la proie du lion. C'est alors qu'il faisait beau les entendre maugréer et maudire le serment qui enchaînait leurs bras et les empêchait de voler à l'aide du châtelain de Coucy !

Mais lui, eût assez de courage pour ne pas se laisser déconcerter. Envisageant de face le péril, il éleva à la hauteur de son cimier ses deux mains armées de sa hache-d'armes, les balança quelques secondes pour s'assurer du coup qu'il allait porter; puis les laissant retomber de concert, elles s'appesantirent avec tant de violence que le fer, cette fois, demeura dans l'entaille. Gloire au héros! tel coup arrivait à point, car à force d'estocader, le sire commençait à avoir le poignet rompu, et peut-être n'aurait-il pas tardé à succomber à la fatigue.

— Merci-Dieu!.... fit-il à voix haute, mais pleinement recouverte par les clameurs de joie que poussaient ses compagnons en se montrant les uns aux autres le crâne du lion pourfendu du coup. Ses mâchoires lâchèrent aussitôt prise, ses pattes fléchirent incontinent, et alors il tomba lourdement sur le sol en se roulant dans la poussière et exhalant sa rage d'abord en râlements rocs et mi-strangulés, puis en gémissements de plus en plus faibles, et s'éteignant au fur et à mesure que la vie lui partait du corps avec le sang qui sortait en bouillonnant de sa large et profonde blessure.

§—III.

Fier de pouvoir marcher à l'avenir l'égal du
réputé le plus vaillant, le châtelain appela à lui ses
féaux par un signe qui rompait leur serment. Ils
accoururent aussitôt en poussant des cris de joie, et
en s'écriant : « Coucy, à la merveille ! Coucy, à la
merveille !... »

Après avoir félicité le sire de sa glorieuse victoire, ils formèrent sur son ordre, à l'aide de leurs piques et de leurs épées qu'ils recouvrirent d'écharpes, un bel et brillant pavois pour rapporter triomphalement le lion en ville. Celui-ci bien qu'abattu et l'œil éteint par la mort, apparaissait encore terrible à chacun d'eux. Aussi quelques-uns avançaient-ils hautement qu'il n'aurait jamais été en leur pouvoir de se retirer d'une lutte à mort avec ce lion avec autant de courage que le sire venait d'en fournir la preuve, qu'il fallait à cet effet s'appeler Enguerrand deuxième.

Ce que entendant :

— Par la sainte religion ! ai doutance, se dit à part lui le châtelain devenu pensif et rêveur, que Dieu n'entre pour quelque chose en tout ce. Jésus, lumière sempiternelle ! de grâce faites luire à la visière de mon entendement votre flambeau qui dissipe les ténèbres de l'esprit. Tant plus j'y pourpense et tant plus ne sais que cuider à l'endroit de tel fait du tout émerveillable. Miracle célestin ! n'est-ce pas vérité que telle œuvre aussi bien menée à bout, est de trop extra-ordinaire ci-bas pour ne venir pas d'en-haut ?

Une pensée soudainement éclose en son esprit, et qu'il crut inspirée par le ciel, étant venue rasseréner son visage assombri, il mit aussitôt son chef à nu, et, tendant sa main droite encore chaude du combat.

—Amés et féaux compaings, oyez trétous, s'exclama-t-il! Je jure pardevant Dieu à toute heure invisible et pardevant vous ci-présents, que je prends à témoins, qu'en intention d'expier les miennes coulpes passées et mercier notre seigneur Dieu de son aide et protection en icelle occurrence, que s'il daigne me prêter vie, me croiserai pour la rescousse du Saint Sépulcre et l'honneur de la chrétienté. D'abondant, je fais vœu sur place, d'édifier de mes deniers, au même lieu que foulez présentement aux pieds, une sacro-sainte chapelle....

—Voire aussi, beau moutier, fit l'abbé Norbert, survenant tout en sueur et soufflant d'ahan.

—Ainsi soit-il! ajouta le sire que faisait exulter sa victoire. Adonc en plus éleverai-ci grande abbaye que baptiserai du nom de *Près-Montré*, en souvenance de la prime exclamation par moi proférée à la vue inopinée du lion. Le tout sera fait par ainsi qu'il sera ordonné, aux fins que dorénavent ne soit touchée que des genoux arène si noblement entachée de sang léonin.

Ainsi parla le sire de Coucy, à la grande admiration de ses fidèles serviteurs.

Ce vœu si plein de dévotion ne tarda pas à être

exécuté. Ce pourquoi avisa-t'on à quelque temps
de là , au lieu même où le jeune Enguerrand
deuxième avait livré le combat à un lion qu'il avait
eu le bonheur de mettre à mort, une sainte chapelle adossée à une belle abbaye dont fut incontinent nommé prieur, l'ermite Norbert, que ses
mérites en ce monde firent canoniser après son
trépas.

Telle fut l'origine de la fondation de l'abbaye
de Prémontré qui vit naître dans ses cloîtres l'ordre de moines qui porta son nom et qui poussa
de si belles ramifications par la chrétienté.

§ — IV.

Que si à la première nouvelle de la calamiteuse apparition d'un lion au pays de Coucy, gros fut l'effroi par la ville et les campagnes, belle et grande aussi fut la fête au retour de l'expédition. N'étaient en ce mémorable jour parmi les bourgeois et les métiers alègres de si bonne réussite que des :

— Vive Enguerrand deuxième !

— Los au sire de Coucy !

— Coucy à la merveille !

— Longue vie à notre salvateur !
éclatant de près comme au lointain.

Or d'aventure les échevins de Coucy en venant souhaiter des bienvenues et compliments à leur châtelain, le prièrent, pour conserver le souvenir de sa victoire jusqu'aux générations à venir, de faire tailler en pierre à leurs frais le lion qu'il venait de si courageusement occir.

— Oui-dà ! mes sieurs échevins, fit réponse le sire en souriant à telle requête ; ainsi en sera en suivant votre duisance, ains aux conditions qu'à partir de cettui jour il portera le mien nom ; que de plus, à celle fin de lui faire plus grand honneur, le prieur de Nogent au lieu de présenter foi et hommage trois fois l'an à nous baron châtelain de Coucy, comme le comportent chartes octroyées à ce sujet par notre atave Alberic premier du nom, il les déférera publiquement au lion nôtre, maugré que du tout pourtrait en belle pierre dure.

Comme il fut dit ainsi fut-il fait. L'acte griffonné sur parchemin sans désemparer, fut pour cause de non savoir écrire de la part du sire Enguerrand, vu sa qualité de haut seigneur, d'une part sigillé du pommeau de son épée et de l'autre signé par les échevins de Coucy.

A dater de ce jour aussi, les sires Enguerrand blazonnèrent leur écu d'un lion en champ d'azur, et ils prirent à l'avenir pour cri de guerre :

« COUCY, A LA MERVEILLE ! »

LA TOUR DU DIABLE.

Tenez silence, bone gent!
Un miracle qui moult est gent
Dieu vous veil et réciter,
Pour les péchéeurs esciter
A soudre qu'à Dieu promettent.
Gautier de Coïncy
Prieur de l'abbaye de St.-Médard.

Plus en a plus en ueult auoir
Luciferus nostre grand diable ;
Quand il voit des ames pleuuoir,
Plus en a plus en ueult auoir,
Toujours il en ueult recevoir,
Car il en est insatiable ;
Plus en a plus en ueult auoir
Luciferus nostre grand diable.

Mystère des actes des apostres.

1300.

Dès l'abord c'était la tour Saint-Benoît : par la
suite des ans ce fut la tour du Diable. Le moyen dont
se servit l'esprit malin pour la débaptiser ainsi ne
laisse pas que d'être merveilleux. La tour dont il
s'agit n'avait du saint que le nom, voilà tout. Pour
le Diable, ne s'avisa-t-il pas d'y loger en personne !
C'est plus comme vous le voyez. Or, pour peu que
vous désiriez connaître les détails d'un fait aussi
surnaturel, écoutez la légende dont voici la teneur.

Par un beau jour de fête, comme qui dirait de la sainte Pentecôte, un moine de l'abbaye de Saint-Jehan-des-Vignes de Soissons, bon vivant comme quasi tous avaient la renommée, était descendu en ville en intention de tirer sa révérence à un de ses amis prieur du chapitre des chanoines de Saint-Pierre. Rendu en son logis, séant en la rue du Mont-Revers, moine et chanoine après les bonnetades souhaitées de part et d'autre, se mirent de compagnie, entre messe et vêpres à festoyer la dive bouteille. Dieu sait s'ils s'en acquittaient à merveille ! Pouvait-on dire, à part toute envie de railler, que s'ils officiaient au chœur comme à table, ils n'avaient certes leur pareil en la comté du Soissonnais ; car l'un et l'autre avaient un gosier à ne faire défaut devant aucun vin, fût-il de Cuffies. De tels hommes en vérité eussent fait honneur à l'ordre des Templiers. Donc pour gens ayant capacité abdominale à s'enfiler à l'égal d'une tonne, c'était peu de chose encore que d'avoir mis à sec une demi-douzaine de brottines. Ce pourquoi se prenant d'une belle ardeur bouteillique, ils sacrèrent comme des païens par le saint nom de Dieu et le Diable d'enfer, (mais aussi mal leur en advint ainsi que vous le verrez par la suite.) que la feuillette entière y passerait.

A cet effet, le damp abbé, maître de céans, après avoir vidé sans reprendre haleine son gobelet et fait rubis sur l'ongle, en sonna sur table tout comme agirait un soudard franc biberon qui prendrait ennui de ce que la servante d'une hôtellerie le ferait attendre.

— Holà! hé! fit-il avec sa grosse voix d'église! Nicolle, viens cy...

Et Nicolle qui n'avait pour coutume de faire répéter son maître, bien qu'elle fût très-souvent dame et maîtresse au logis, accourut aussitôt alerte et dispose.

— Ah ça, dit le chanoine en se grattant le nez, lequel se cardinalisait déjà canoniquement et devenait la cause de demangeaisons fortement vives, te plaise de nous aller querre sus et sus brottine en ma cave, ensuite de ce une deuxième encore, et encore une tierce après celle-là, et toujours et toujours, pinte sur pinte, setier sur setier....

Par les mérites de sainte Nicolle, ma patrone! messire abbé, se récria à l'ouïr de telle demande, la servante prude au possible, avez-vous d'avanture perdu rémembrance de la sainteté du présent jour, pour de telle sorte pinter sans souci de la damnation de votre âme! Sainte vierge! que la vergogne, vous....

— Quelles litanies est-ce que tu nous débites là, interrompit tout soudain le maître abbé en jouant des sourcils? Par la vigne de Noé! vous chantez sur un ton plus élevé que ne comporte votre voix, m'est avis, Nicolle! Holà! baissez d'une gamme et plus encore, vous suade, et faites état de mon ordonnance....

— Lors ainsi soit fait ensuivant votre vouloir, fit la servante se radoucissant au plus vite.

— Plaise à Dieu! que malchevance n'échet pas de telle buverie par ce saint jour, grommela-t-elle entre ses dents, tout en se signant avec dévotion grande. — Puis ainsi reprit haut : — et de quel tas, s'il vous duit, dois-je extraire les brottines?

— Du premier trouvé, donna fièrement pour réponse l'abbé. Par mon aumusse! ne sais-tu que chanoine de Saint-Pierre n'a onc de ginguet empoté en sa cave.... hein?

— Si fait, mon doux maître.

— Adonc, ma mie, satisfais brièvement à ma demande. Puis se ravisant sur un ton plus doucereux : — Ça, aie cure de descendre sans male encontre l'échelle de pierre ; pour ce n'oublie la lucerne de corne, et fais flamber le luminaire.... — Bonne Nicolle, poursuivit-il, dès qu'elle eut les

talons tournés, en dà! ce serait grand méchef pour
elle et pour moi si par cas fortuit il lui advenait de
se dérompre bras ou jambe. Voirement n'ai connaissance de chambrière si très-accomplie en toute
chose ; et ce disant, il se pencha vers l'oreille de
son voisin, en lui parlant à voix couverte, comme
si une personne tierce était là pour l'ouïr et prendre
ses dires en moquerie. Le propos conté, alors
moine et chanoine se prirent à rire à gorge dé-
ployée semblablement à deux fous en train de faire
des leurs.

Cependant que les amis se pouffaient à mouiller
leurs chausses de quelque chose qui n'est pas eau
bénite, la Nicolle descendait bien doucettement un
à un les degrés de la cave en crainte de se laisser
cheoir. Jusqu'à la porte qui fermait le dernier
caveau, il ne se passa rien d'étrange. Mais celle-là
une fois ouverte, ce fut bien d'une autre chose. La
pauvre fille n'y vit plus que du feu. Par-devant soi,
à droite comme à gauche, de tous les côtés à la fois
ce n'était que lumière resplendissante à éclairer
pendant toute une nuit chœur et nef de Saint-
Pierre et de Saint-Jehan-des-Vignes, sans compter
qu'elle avisait chevauchant au milieu des flammes
sur un balai de feu et poussant des éclats de rire satanique, le Diable avec son long, noir et velu corps,

ses cornes contournées, sa queue bifurquée et sa fourche ardente, tel enfin que sa crédule imagination s'était complue jusqu'alors à se le représenter.

Sur ce vu, Nicolle enjamba quatre à quatre les degrés de la cave, et accourut en grande hâte conter tout essoufflée le cas aux deux amis. La chose fut de prime saut traitée de vision.

— Ça, par le coq de Saint-Pierre! de nous ne te gausses-tu bellement, fit enquête le chanoine en l'envisageant regard contre regard?

— Maître, vous le dis et répète, ayez fiance en mon débit, pour ce que est-il fine fleur de vérité, dà! que s'il approche un tantinet de feintise ou menterie, que le Dieu juste me fasse à cette heure même passer de vie à néant et ce sera de toute équité.

Après un tel serment pour attester la vérité, il n'y avait plus moyen de conserver aucun doute à son égard, à moins d'être l'incrédulité incarnée. Donc ragaillardis par les quelques setiers de vin dont la force s'était transvasée des bouteilles en leur corps, les deux abbés se mirent en devoir d'aller déloger le Diable de la cave où il venait depuis tantôt d'élire domicile. A cet effet, ils convinrent pour le mieux appréhender, que l'un descendrait dans le caveau ensorcelé, muni d'un goupillon bien humecté d'eau sainte et d'une boîte aux agnus, tandis que l'autre irait clore hermétiquement le soupirail qui prenait jour de la voie publique de crainte que le malin esprit ne se sauvât par cette issue.

— Or sus, fit le prieur de Saint-Pierre, à l'adresse du Joanniste qui n'avait soufflé le mot, puisque il ne vous affiert d'aller le génie démoniaque débeller, adonc marchons tôt et bref à la besogne. Cependant que descendrez ès-cave, reposez-vous sur moi du demeurant, et la capture faite, confesserez-vous même que vous ai secondé à merveille. Sur ce, ne perdons pas courage en pourpensant que Dieu ne défaudra à nous guerdonner en l'autre monde ensuivant telle œuvre.

Le pauvre moine n'osa dire « merci de moi » à son ami le maître-abbé qui lui faisait tant d'honneur; se dirigeant donc vers le caveau, il se prit, chemin descendant à s'escrimer de son goupillon, à en frapper de droite et de gauche, comme si le Diable était là pour tendre le dos et recevoir ses estocades. Bien lui en prit en vérité! A la première aspersion d'eau bénite, le démon battit raide en retraite, et se réfugia dans un des angles de la cave en se faisant petit pour mieux s'y blottir. Puis chassé, pourchassé de tous côtés

par son intrépide agresseur, il finit par aller se
réfugier dans le conduit qui menait à la rue, espérant s'échapper par cette voie; mais le chanoine de Saint-Pierre qui n'avait trouvé sous sa
main autre chose de plus apte à clore le soupirail
que son bonnet-carré, l'avait présenté à son ori-
fice, de telle sorte que l'issue en était close outre-
mesure. Ainsi posté, la tête en avant, l'oreille
aux aguets, il attendait en oraisons que le Diable
vint se prendre au trébuchet comme braconnier
attend un lièvre au passage. Son attente ne fut
pas trompée; si rusé que fût le Diable il n'était
plus en son pouvoir de se retraire du défilé où
il s'était engagé. Au fur et à mesure qu'il opérait
son ascension, la boîte aux agnus était derrière
lui, qui le suivait incontinent; si bien qu'advenu
à l'extrémité supérieure du soupirail, ne pouvant
passer outre ni revenir en deçà, force lui fut de
sauter dans la sainte boîte.

Ce n'était tout d'avoir le malin esprit en sa possession; fallait-il encore s'en débarrasser. La chose
était ardue à parfaire, vu le péril à courir en l'exécution. Ajoutez de plus que la garde d'un captif
tel, bien que sacrosaintement emboîté, était encore matière féconde en risques. Moine et chanoine qu'on eut tenus en ce moment en aussi

grand embarras que deux oisons bridés, à les voir discourir sur le moyen de se défaire de leur captif, ne savaient de quel saint se réclamer pour leur inspirer le meilleur de tous les moyens.

Ils en étaient donc à conjecturer à perte de vue sans savoir où s'arrêter, quand tout-à-coup les cloches de Saint-Jehan des Vignes qui étaient si belles et si réjouissantes quand elles chantaient des noëls, que plus d'un bourgeois et d'un boutiquier de la ville se mettait à sa fenêtre ou sur le seuil de sa boutique pour les entendre plus à son aise, lancées à grandes volées, commencèrent à secouer par les airs leurs gammes harmonieuses. Aussitôt le Joanniste, comme inspiré à l'ouïr de leur belle sonnerie, s'écria :

— Par la double flèche de Saint-Jehan ! messire abbé, à quoi bon nous martyriser l'esprit d'autant? Puisque l'eau benoîte et Dieu aidant, nous ont tant et si bien profité à l'endroit de la capture du Diable, ça le meilleur parti à prendre en ce déduit présent, n'est-il pas de le porter jusques en l'abbaye du bienheureux Saint-Jehan où ne défaudront, mes frères, à l'eneaubeniter au-delà de merci? De telle sorte et manière, sainte noyade lui sera canoniquement octroyée, m'est avis !

— Bien pensé, compère, répondit le chanoine, adonc sus en route et ce, sans plus ample remora.

Le projet fut aussitôt mis à exécution. Afin de ne pas être heurté en leur chemin par les allants et venants, le Joanniste et le prieur de Saint-Pierre descendirent la rue du Mont-Revers, et se dirigèrent vers l'abbaye de Saint-Jehan-des-Vignes par la grande rue Notre-Dame. C'était la voie la plus longue, il est vrai, mais aussi la moins fréquentée, partant la plus sûre pour arriver à bonne fin. Las! ainsi n'en fut-il! A peine eurent-ils fait sept fois vingt pas environ, qu'advenus en face de la grande entrée de l'abbaye royale de Notre-Dame, le Diable qui flairait chose sainte, rien qu'au passage, se prit à geindre et à se démener en la boîte aux agnus. Sur ce, les deux abbés commencèrent à tenir à suspecte leur diabolique besogne. Néanmoins ils tinrent ferme et bon; mais enfin il se fit un moment où le Diable heurta de ses cornes avec tant de fougue le couvercle de la boîte, que plus ne fut possible de le maintenir. Ce pourquoi jetant bien au loin d'eux et boîte et Diable et bonnet-carré, les deux amis se réfugièrent sous le porche de l'abbaye en requérant miséricorde et pitié de

Dieu. Adossés contre la muraille, déjà pâles comme
des trépassés et immobiles comme des saints en
leurs niches, ils marmotèrent avec grand renfort
de soupirs et gémissements des *ora pro nobis* en
attente de l'avenir. Il ne pouvait leur arriver plus
malheureux sort. Dès qu'une fois le Diable se fut
dépétré du bonnet-carré et de la boîte aux agnus,
le moine de Saint-Jehan et le chanoine de Saint-
Pierre churent tout soudain la face contre terre, et
passèrent de ce monde en l'autre en poussant des
plaintes et des clameurs telles que les tourments
en font venir à la bouche d'un martyr.

Il se trouva, comme de raison, plus d'une langue en mouvement à ce sujet. Celle-ci de dire
que fin tant et si fort piteuse était survenue aux
deux enfroqués pour le fait d'accointance avec le
Diable ; celle-là, que la couardise entrait pour
beaucoup en cette mésaventure ; d'aucunes avan-
çaient encore que Dieu leur avait octroyé la malemort en punition d'avoir pinté un saint jour
de fête et maugréé par son saint nom ; tant il y
a que ni l'un ni l'autre n'en retirèrent avantage.

Et le Diable, qu'était-il devenu sur ces entrefaites ?

Avisant toute voisine de soi la tour Saint-
Benoît, non hantée pour l'ordinaire que par

des soudards de garde sur les remparts, lesquels
s'y abritaient quand venait la pluie à tomber à
clochette, en crainte que l'eau ne déraidit la
corde de leurs arbalètes, il s'y réfugia aussitôt
et en fit sa demeure.

Le lendemain au soleil levant, ce fut grande
merveille dans le quartier, et la nouvelle se
répandit bien vite dans la ville, que le Diable venait d'opérer un miracle. D'aucuns s'ébahissaient
à la vue d'une petite tourelle ayant la forme d'un
bonnet-carré, assise de la veille sur le bord de la
tour Saint-Benoît et fortement entée, bien que de
près comme de loin on eut dit qu'un coup de vent
en eut fait raison en la soufflant dans la rivière de
l'Aisne, qui coulait au pied.

C'était chose édifiante d'ouïr les curieux, et surtout les commères du quartier qui n'avaient besoin d'un miracle pour leur délier la langue, grou-
pées au pied de la tour, babiller comme des pies
à ce sujet.

—Qu'est-ce?.. Par les cornes de monsieur Lu-
cifer! voilà bien une œuvre diabolique, dégoisait
celle-ci, qu'en dites mes mignonnes?

— Oh! que oui-dà, voisine, répondait une ha-
rengère, depuis tantôt hier, m'est idée qu'on res-
pire en cettui quartier air emputané... Le dicton
parle vrai : la caque sent toujours le hareng.

— Bien dit ça, la merlette, fit une autre. Dieu me pardoint! pour moi je cuide flairer le souffre et le roussi.

— Sainte-Vierge ma patronne! engardez-moi de tout piège et engin sataniques, marmotait tout en branlant son chef grisonnant, une vieille édentée, sa curiosité une fois satisfaite.

— Dites donc, mes amies, parlait une maîtresse commère d'une voix églapissante, comme une crécelle de vendredi saint, le moyen de douter que ceci n'est le fruit du Diable? En est-il d'aventure une seule d'entre vous trétoutes qui ait avisé hier architectes et manœuvres en train d'œuvrer à la tournelle que voyez-ci.... Hein?

La réponse à sa demande fut un chœur de «nenni-dà!» noté sur tous les tons.

— Lors, continua la commère, aussi vrai que mon mari est chaussetier à l'image du chef de monseigneur Saint-Denys, œuvre telle ne peut avoir été parfaite que par un maître-ès-sorcelleries. Adonc que si m'en cuidez il ne fait bon à ester ci un plus long-temps, si ne soulons que le Diable nous fasse des niches ou qu'il porte damn' au fruit de nos entrailles.

Autant valait prêcher au désert; car des caillettes présentes, nulle ne tint compte en se retirant, d'un conseil que la crédulité de l'époque devait faire trouver confit en prudence. Le besoin de jaser l'emporta cette fois encore sur la superstition qui les dominait toutes.

— A mille chartées! la tour et son hôte maudit... clama haut dans un moment de calme un manœuvre ès-bâtisses. A moi mes compaings! et de par mon seigneur Saint-Benoît ruons bas sa demeure contaminée pour le moment par le Diable; par ainsi l'en ferons déguerpir... j'ai idée?

— Ça oui-dà! A sac la tour du bienheureux Saint-Benoît! — A sac! — A sac sus et tôt! — A l'aide les compaings! — A l'œuvre les frères!.. conclamèrent des différents points de la cohue plusieurs compagnons en maçonnerie que la curiosité avait fait accourir.

Mais nul d'entre-eux n'osa fendre la presse ébahie de leur résolution, en entendant une voix surhumaine jeter d'un ton lugubre ce carme prophétique :

Quel vivra
verra !
Quel vivra
morra !

A peine la voix mystérieuse se fut - elle tue,

qu'aussitôt on vit toutes les bouches se fendre, comme si un même ressort les faisait se mouvoir. Et alors ce fut un concert de voix croassantes et criardes, éraillées et chevrotantes, au milieu duquel les oreilles les moins abasourdies pouvaient saisir au passage ces lambeaux de phrases.

— Misère et corde! j'ai cru ouïr la voix du Diable!—La timeur me fera cheoir en pamoison.. Ah! merci de moi, je trépasse...—Clos ta bouche, prophète de malheur et cèle-toi dans les entrailles de la terre. — Gare à la malemort! — Seigneur Dieu prenez-nous en pitié. — A l'œuvre les compagnons! — A néant la prophétie diabolique! — Las! hélas! Iésus mon salvateur secourez-nous! — A l'aide! — A moi! je rends l'âme! — Sainte Gudule ma patrone protégez-moi! — A la rescousse! — Monseigneur Saint-Jehan reconfortez-moi les esprits!—Regagne ton royaume infernal, damnation maudite!

Après eette explosion d'imprécations contre le Diable, après ce bourdonnement de saintes exclamations arrachées par la stupeur, la foule fut quelque temps à se remettre de son émoi; mais enfin les esprits se calmèrent peu à peu, et la tranquillité finit par se rétablir tout à fait. Alors les ébahissements, les conjectures, les avis, les conseils revinrent encore comme par le passé revêtant toutes les formes, et prenant tous les tons, jusqu'à ce que l'heure du couvre-feu eut mis un terme à tous ces caquetages.

La tourelle nouvellement poussée comme une corne au front de la tour Saint-Benoît, passa donc pour être l'œuvre du Diable. Celui-ci disait-on, à toujours malicieux en ses faits et gestes, et peu désireux de se couvrir le chef du bonnet d'un homme d'église, aura eu la fantaisie d'en coiffer la tour qu'il venait d'élire pour son domicile. A cet effet, la lui postant sur le côté, tout comme faux-bourien à l'humeur hautaine, fait de son capel aux jours de fête, il lui aura suffi de prononcer deux ou trois mots de son grimoire infernal pour métamorphoser en pierre dure et solide le couvre-chef du prieur de Saint-Pierre. Ainsi pensaient et parlaient les doctes du quartier. Certes c'était bien-là une merveille à pas aucune pareille.

Oh! que nenni, faudrait-il répondre à celui-là qui avancerait que le nombre treize n'est point maléficié et ne porte pas malheur à qui il échet. De tout temps il fut très fort dommageable, et la vérité en fut encore clair et nettement prouvée en cette circonstance.

Il est à savoir que quand un quidam venait à passer après le douzième devant la tour Saint-Benoît, aussitôt, un bras long, noir et velu, terminé par une main portant des griffes en guise de doigts — bras de Diable en tout point — sortait de l'huis surbaissé de la tour, et s'allongeait jusqu'au passant si éloigné fût-il; puis l'appréhendant au corps aussi fortement que tenaille à l'égard de fer rouge, il le faisait tournoyer quelques minutes, et le lançait en suite au plus profond de la rivière de l'Aisne, d'où s'en suivait toujours noyade assurée.

Mort aussi piteuse fut encourue par bon nombre de curieux : si bien que la tour Saint-Benoît fut débaptisée par le populaire pour être à l'avenir surnommée la Tour du Diable. Ce qui de l'avis de tous, fut bien dit et bien fait. Il arriva aussi que bien que le terrein d'alentour fut libre, nul ne fut assez osé pour s'y édifier une maisonnette en crainte d'y rencontrer la malmort; de telle sorte que le quartier fut déserté par quiconque n'était vendu corps et âme au Diable, et demeura pour long-temps non fréquenté que par gent ribaude et truande : témoin *la Cour céleste et d'amour*, ce lupanaire où des femmes faisant péché de leur corps, tendaient les bras à la prostitution avec tant d'ardeur, qu'elles donnèrent naissance à cet infâme dicton devenu que trop populaire en ces temps-là pour l'honneur de la ville : — *La Ribaudie de Soissons.*

Le temps avait cheminé de beaucoup depuis l'apparition surnaturelle du Diable en la tour Saint-Benoît, et les victimes qu'il ne cessait de sacrifier au nombre treize n'avaient pas peu contribué à jeter l'épouvante dans le quartier. Les habitans de cette partie de la ville, en peine de mettre un terme à ses maléfices, et las de faire des neuvaines sans profit, placèrent tout leur espoir dans les mérites attribués aux reliques du grand Saint-Médard. Ce pourquoi se décidèrent-ils à aller trouver le prieur de l'abbaye qui portait ce saint nom, en l'adjurant de venir exorciser solennement la tour du Diable.

Le prieur prenant en pitié leurs transes mortelles, promit de satisfaire sans long délai à leurs vœux. Le lendemain donc, il se rendit processionnellement en ville avec son haut et bas clergé, ses croix et ses bannières, le grand texte des évangiles écrit en lettres d'or, et la chasse du grand Saint-Médard. Arrivé au pied de la tour habitée par le Diable, le damp abbé entonna d'une voix haute et ferme les saints cantiques du Psalmiste en pro-

férant à chacun des repos les paroles sacramen-
telles : — *Vade retro Satanas !* — qu'à son exemple
répétait la foule entière en se signant par trois
fois.

O prodige ! comme le digne prieur, après le dernier verset chanté, jetait son eau bénite en
forme de croix sur la tour, ne voilà-t-il pas qu'au
vu de tous, la petite tourelle que l'on disait être
le bonnet du chanoine de Saint-Pierre, chut tout
soudain en la rivière de l'Aisne, en laissant sur les
bords de la muraille, — ainsi qu'il est manifeste
encore aujourd'hui, — des échancrures que les assistans regardèrent comme les traces des griffes du
Diable, qui sans doute avait fait tous ses efforts
pour se maintenir en sa demeure de prédilec-
tion.

Dès ce moment sa présence dans la tour ne fut
plus signalée par aucun acte diabolique, et la terreur cessa désormais de faire escorte à tout passant par la rue Notre-Dame.

Ainsi fut comme la Tour du Diable devint veuve
de son malfaisant seigneur.

C'est en rémunération du service rendu par le
prieur de Saint-Médard, qu'il fut ordonné, de par
l'évêque de Soissons, que le chapître entier de ladite abbaye, sise à quelques cents pas de la ville,

y viendrait se promener chaque année à pareil jour, avec ses croix, ses bannières et les reliques du bienheureux Saint-Médard.

Quant à la Tour du Diable, elle est encore sur pied par le temps présent, avec sa vieille carapace toute rugneuse. Il est même remarquable que seule, elle ait survecu à ses cent et une sœurs qui autrefois hérissaient les remparts de Soissons.

UN FESTIN DU PAON.

Mon amy, vous estes jeune d'aage, et si n'estes pas des plus grans ne puissans de corps, mais pour ce ne devez nuls douter, car souvent est advenu que le plus faible a déconfit le plus fort.

Histoire et plaisante chronique
du petit Jehan de Saintré.

Johanne épousa Robert de Sarrebruge, damoiseau de Commercy et Sire de Louvois.

Histoire manuscrite de Braisne.

1414.

Il est à savoir pour quiconque en ignore, qu'au temps où la Chevalerie, cette féerie du moyen-âge, brillait de son plus vif éclat, le Paon n'apparaissait qu'avec pompe dans les grands banquets d'apparat. C'était un hommage rendu à la beauté de ses plumes, car bien qu'on le servit rôti, toujours avait-on soin de ne le déposer sur la table, que revêtu de sa robe naturelle. Par fois même il arrivait que l'on poussât la magnificence jusqu'à y ajouter des feuilles d'or battu, comme si la nature n'avait pas assez fait en bigarrant sur son plumage des couleurs de l'arc-en-ciel.

Donc, point de fêtes données au temps jadis par de nobles châtelains, sans qu'un de ces oiseaux, dont la chair était alors très recherchée et passait pour n'être pas sujette à corruption, au rebours de tout autre, ne figurât sur la table comme le plat d'honneur. Chevaliers de haute lignée, princes, voire rois eux-mêmes, auraient cru tenir en violation les statuts de la chevalerie, s'ils se fussent affranchis d'une aussi noble coutume.

Un seigneur de haut renom conviait-il ses voisins à un festin du paon, un tel appel était ordinairement précédé de carrousels, de joûtes ou de pas-d'armes dans lesquels les chevaliers s'entredisputaient avec des armes courtoises, l'honneur de découper le royal oiseau ; car il est remarquable qu'en pareille occasion, ce soin ne regardait plus les écuyers tranchans ordinaires de la châtellenie, mais celui-là seul qui sortait victorieux de ces luttes chevaleresques. Souvent alors il arrivait que cet honneur fut par lui déféré à la dame de ses pensées, afin qu'elle put, en présence d'une noble compagnie, déployer sa gracieuse adresse ; le mérite consistant à être assez habile pour dépécer le paon de manière à ce que chaque convié put y goûter. Une fois découpé, le plat passait alors de main en main, et faisait ainsi le tour du banquet. Mais d'après les usages de la chevalerie, chaque fois qu'il arrivait en face d'un chevalier, celui-ci, à moins d'être réputé malappris, était obligé de faire un vœu, soit d'audace, soit d'amour. Il se levait donc, puis, la tête nue, la main gauche sur le cœur et la droite tendue sur le noble oiseau, il jurait ou d'occir en l'honneur de sa dame le premier félon qui se présenterait à lui, ou de planter le premier de tous son pennon sur la brèche. Un autre faisait serment, soit de redresser les torts envers et contre tout, soit de protéger en tous lieux, en tous temps, veuves portant beguin de velours, ou bachelettes au corselet de satin.

Dans ces sortes de vœux, chacun des chevaliers tenait à honneur de surpasser celui qui l'avait précédé, dans l'intention d'augmenter d'autant l'estime que ses faits d'armes lui avaient acquise. Aussi n'était-il pas rare d'en voir qui faisaient de nobles et dévotieux sermens, comme de fonder des moûtiers, d'aller en sainte croisade, et de se vouer pour une ou deux années à la défense du saint sépulcre.

Ces sermens ainsi jurés sur le paon étaient sacrés comme le vœu de la chevalerie. Quiconque y faillait était réputé félon, et si mésestimé pour le reste de ses jours, que l'on citerait peu d'exemples de chevaliers ayant forfait à leurs sermens, tant ils avaient tous à cœur de les remplir dignement.

Or, voici à ce propos une chronique sur un festin du paon.

Le comte Jehan vı^e de Roucy, châtelain de Braisne, étant très désireux de fêter le seixième anniversaire de la naissance de Jéhanne, sa fille unique et bien aimée, fit savoir à tous les chevaliers, ses voisins, de venir briser des armes courtoises en l'honneur des dames pour tant douce souvenance. Après quoi il y aurait un festin du paon.

Ceci se passait l'un des jours du gentil mois de mai de l'an mil quatre cent et quatorze au châlel de Braisne.

Le soleil dorait à peine de ses rayons naissans les collines environnantes, que l'on voyait déjà arriver au vieux manoir du comte Jéhan, maints chevaliers armés de pied en cap, ni plus ni moins que s'ils se fussent acheminés en guerre. Presque tous portaient casque en tête et la visière rabattue, l'écu blazonné pendant au bras et la lance en arrêt. Cependant quelques-uns laissaient flotter l'écharpe aux chiffres d'or ou de soie brodés par une main amie, ou laissaient voir l'amoureuse emprise. A cet effet portaient-ils soudés au bras ou à la jambe gauche, des anneaux d'or ou d'argent en signe de l'engagement de leurs paroles envers les dames.

Les preux joûteurs, parmi lesquels on remarquait les Enguerrand de Coucy, les Raoul de Soissons, les Hervé de Buzancy, les Alberde de Bussy, les Nicolas de Bazoche, firent ainsi leur entrée en la cour-d'honneur, chevauchant sur de mâles destriers hennissant fièrement au son des cors et des buccines qui résonnaient par tout le manoir et saluaient leur bienvenue.

Puis à leur suite cheminaient dames et damoiselles, montées sur leurs haquenées allant l'amble tout doucettement et brimballant des clochettes et des grelots d'argent. Par-devant, par-derrière elles marchaient encore de beaux pages et de gais varlets, tenant en dextre les palefrois des jouvencelles.

C'était un beau spectacle, bien beau en vérité, de voir défiler un aussi brillant cortège de dames, composé tantôt de très hautes et très puissantes douairières embéguinées de velours et d'hermine rassises en regards et prudes en paroles, portant les armes de leurs sires brodées sur leur surtout de velours : tantôt de jeunes châtelaines belles de grâce et avenantes par leur sourire, revêtues de longs juste-au-corps tout brocardés d'or et de soie ; puis de mignonnes bachelettes à la fine taille, dont pas une seule n'exprimât naïvement, et sans songer à mal, les sentimens de son cœur par des fleurs emblématiques. Celle-ci amoureuse d'un preux chevalier avait passé dans sa ceinture une tige de glaïeul ; celle-là moins heureuse avait épinglé à son corselet le souci mélancolique ; d'autres portaient au côté la pudique sensitive ou un bouquet d'humbles violettes, comme aussi l'on voyait la pâle églantine s'épanouir sur la chevelure blondelette de plus d'une.

Après que le sire de Braisne eut courtoisement souhaité la bienvenue à tous les chevaliers, ainsi qu'à chaque dame, apparut Jehanne de Roucy, sa fille, portant une jupe bleue d'azur et un corselet de velours brodé de mille passequilles d'or. Après avoir regracié gentiment chacun d'avoir agréé l'invitation de son noble père, elle se prit à faire avec non moins de grâce, les honneurs de céans.

L'heure de répit accordée aux chevaliers pour reprendre haleine étant plus que passée, la châtelain fit sonner alors les fanfares pour avertir tous les nobles preux de se tenir prêts aux joûtes.

À peine les cors et les clairons, les buccines et les sacquebutes eurent-ils donné le premier signal, que chaque tenant s'élança dans une arène dressée à cet effet en face du Château-du-Haut. Les valeureux prétendants en vinrent aussitôt aux prises, et bientôt à leurs mâles propos, au cliquetis des armes, aux hennissemens des destriers se mélèrent les voix des hérauts-d'armes, encourageant les chevaliers par ces exclamations usitées dans les joûtes et passes d'armes :

— Courage chevaliers !... ne forlignez pas, recordez-vous que joûtez sous les yeux des dames de vos pensées !

— Courage nobles preux !... c'est par vaillantise et de beaux coups de lance, que l'homme mortel de soi s'immortalise !

La passe-d'armes dura quelques heures, tant chacun se tenait ferme en ses arçons et joûtait vaillamment. Plus d'une lance fut brisée, plus d'une armure faussée, plus d'un casque détaché avant que le mieux faisant n'eût été proclamé par ses pairs. Mais enfin il se fit reconnaître à un fait-d'armes dont l'adresse excita l'admiration de l'assemblée entière. Les chevaliers entrechoquèrent leurs boucliers, et les dames agitèrent leurs écharpes. Puis à travers les éclats bruyans des cors et des trompettes cornant et trompettant à triple renfort de souffle, on entendit ces mots proclamés par les chevaliers désignés arbitres de la joûte :

— Los ! los ! au juvenil banneret portant éperons et ceinturon d'argent !

Tous les yeux attachés sur sa personne admirèrent son brillant harnais, et surtout sa cotte-d'armes brodée de vert tendre, qui signifiait — amour et espérance.

— Son nom !... — Son nom !... demandèrent instamment toutes les bouches.

C'était un mystère encore, car le heaume garantissait sa tête, et sa visière rabattue célait à tous les yeux les traits de son visage. Seulement sur son cimier brillaient ces mots pour devise : — Elle et mon Dieu !

En courtois chevalier il vint déposer en grand' hâte son gantelet aux pieds de la jeune Jehanne de Roucy, dont le pourpre monta vite aux joues, tandis que son regard dirigé vers son vieux père, lui requérait tacitement conseil. La naïve bachelette ne sentit pas la force en elle de dire — nenni — au vainqueur qui lui faisait hommage de sa victoire, et lui offrait publiquement le gage d'amitié et d'amour. Aussitôt quoi le galantin ayant relevé sa visière, chacun put reconnaître le dameret de Commercy, Robert de Sarrebruge, si bien renommé dans toute la contrée par sa vaillance comme par sa courtoisie.

Les joûtes étant terminées, et l'heure du festin étant sonnée à l'horloge du manoir, alors le sire de Braisne, en intention de faire meilleur accueil aux nobles dames et damoiselles qui avaient honoré la passe-d'armes de leur présence, se hâta d'assigner à chacune des plus jeunes, un écuyer servant, choisi parmi les chevaliers à barbe soyeuse encore, et sur ce, le banquet étant dressé, de par son ordre fut l'eau cornée suivant l'usage.

Quatre hérauts d'armes, précédés de pages, entrèrent d'un pas grave et solennel en annonçant à voix haute le festin du Paon.

Aussitôt, chacun des chevaliers ayant présenté le gantelet à sa dame, chaque couple se rendit ainsi en la salle du festin, toute festonnée de guirlandes de marjolaine et ornée de devises en l'honneur de la beauté. Apparaissaient à la fin du cortège le roi et la reine de la fête, le brave Robert et la gracieuse Jehanne, l'un et l'autre couverts de fleurs et de rubans, et ne s'avançant qu'au milieu des applaudissemens et sous bonne escorte de chevaliers-d'honneur, de pages et de hérauts-d'armes.

Dès que tous les convives furent rendus en la

salle, chaque chevalier s'assit alors avec sa dame sur le même escabeau de bois, n'ayant devant soi qu'un hanap et une écuelle en commun comme la chose se pratiquait en pareille occurrence. Ainsi réunis sur le même siège, devisant seulets, il arrivait souvent que damoiseau et damoiselle se juraient mutuellement l'observance du doux servage d'amour, et en buvant l'hypocras à la même coupe, scellaient ces nœuds sacrés qui ne doivent se briser qu'avec la vie.

Avant de toucher à aucun met, les convives au lieu de réciter le *benedicite* d'habitude, entonnèrent galamment à l'unisson le *benedicite de St.-Quentin*, qui consistait en une chansonnette du comte Raoul IV de Soissons, dont voici le commencement :

Ah! belle blonde
Au corps si gent!
Perle du monde
Que j'aime tant!
D'une chose ai bien grand désir...
Eh! c'est un baiser vous tollir!

Et ce refrain devenait pour chaque chevalier le signal de donner à sa dame un baiser d'amitié ou d'amour.

Tandis que les écuyers-tranchans de la châtelle-
rie de Braisne s'acquittaient de leur service avec
dextérité et courtoisie, la jeune châtelaine dépê-
cha, suivant l'usage consacré à un festin du paon,
un de ses pages de bout derrière son escabelle, à
l'adresse du sire de Marchais en Laonnois, avec
un rameau vert orné de passemens de soie de toutes
couleurs. Un pareil message signifiait qu'il avait
une légende à conter, ou un fabliau à narrer ou un
rondel amoureux à chanter.

Aussitôt le preux chevalier passant la main sur
son front, comme pour remémorer ses souvenirs,
annonça à voix haute :

LA CHRONIQUE

DE

NOTRE-DAME-DE-LIESSE.

Tant s'en faut que Liesse, la villette au bel et
gentil pélérinage, ait toujours été ce qu'elle appert
par le temps qui court, attirant de cent lieues à la
ronde force pérégrins, qui malingres, qui éclopés,

qui fiévreux, qui travaillés du mal des ardens, trétous pour toute fin, ayant très fort appétit de soi curer par la vertu de l'eau sacrosainte puisée en sa fontaine du tout miraculeuse, en suite des invocations faites à la benoite sainte Vierge Notre-Dame-de-Liesse.

Non-dà !

Cil qui d'aventure cuiderait qu'il en fut toujours ainsi, ne laisserait pas que de faillir en sa persuasion.

Or, pour assavoir comme il se fit que la sainte Vierge, mère de Dieu, mêmement de tout souffreteux, laquelle n'a onc l'oreille close pour qui lui baille requête dévotieuse, fut plus adorée, festoyée, encensée en cettui pays, qu'en aucun lieu du monde, besoin est d'ouïr la chronique touchant icelle dont voyez-ci la teneur.

Y avait au temps jadis, non loin du lieu où l'on voit à ce jourd'hui s'élever église et maisons de Liesse, bel et fort châtel, du tout châtel de baron, prêt à faire bonne et sévère contenance au cas où un ennemi quelconque, eût-il porté morion d'Espagnol, casque d'Anglais, bicoquet de Flamand ou chaperon rouge de Bourguignon, en aurait tenté par fortune l'assaut à son advantage. Il avait à nom le châtel d'Eppes.

En l'an 1248, régnant le roi Loys le neuvième,
le manoir d'Eppes avait pour châtelains trois frères
ainsi appelés :

Le premier de tous, Jehan ;

Le deuxième d'âge, Raoul ;

Et l'ultime en naissance, Loys.

Étaient moult famés de par le pays du Laonnois,
les trois frères, pour être chevaleureux comme pas
un et preux aux armes à la guise de tout chevalier.
A cette cause, eu égard à leur vaillantise et prouesse,
voyait-on pour armes briller dessus leur écu, trois
aigles prenant leur volée par les airs et planant de
beaucoup au-dessus des oiselets de menue taille vol-
tigeant à l'entour : signifiance manifeste de la su-
périorité en mérite des sires d'Eppes sur tout seigneur circonvoisin d'iceux.

Ains que si les trois frères châtelains d'Eppes
apparaissaient, au regard de tous, très haut élevés
en renom pour cause de braverie, déjà ! n'étaient-
ils cités les postrèmes à complir leur devoirs de
bons chrétiens. Non contens de s'admontrer zéla-
teurs en matière de religion, de faire de plantureuses œuvres-pies et ne dénier onc par esprit de
charité menues pièces à gens nécessiteux, à toujours
les vit-on, Dieu le voulant ou le roi l'ordonnant,
dispos à chevaucher par le chemin de Palestine,

pour aller les Sarrazins hutiner et protéger d'abondant encontre les entreprises félonnes de ces enfans maudits du Seigneur, tout pérégrin mû par la foi chrétienne, allant pour le fait de pénitence, parfaire ses dévotions au saint sépulcre. Voire n'avaient-ils cure de vendre noble fiefs, concéder alleux productifs, octroyer franchises de vasselage encontre escarcelle grosse de pécune, à cette fin de mener à leur suite grand train de seigneur composé d'écuyers et bannerets, varlets et hommes-d'armes, le tout par honneur pour le nom français et la défense de la sainte croix.

De ce fournirent-ils preuve en l'an mil deux cent quarante et huitième de Notre-Seigneur-Jésus crucifié et le vingt et deuxième du règne du roi Loys le IXe du nom, admis après sien trépassement dans le cortège des saints du Paradis, pour cause en son vivant de ses dits bénoîts, prudhommies édifiantes et observances religieuses. Icelui au plus fort d'une maladie en laquelle il courait gros risque de passer de vie à trépas, fit vœu dès son retour à santé, que si Dieu lui en octroyait la faveur, de soi croiser à la tête d'une armée numéreuse pour aller la Palestine conquester et la retirer des mains des mal croyans.

Le Seigneur-Dieu permit à Loys le saint, ainsi

qu'il est au su d'un chacun, de réaliser tel vœu.
Adonc à cette fin de mettre à exécution le sien
projet, il fit appel à toute la noblesse de France.
Icelle arrépondit incontinent à son roi suzerain et
s'admontra ardente à entrer pour moitié en ses
intentions en amenant avec soi vassaux et vavas-
saux, soudards endurcis à la fatigue, qui savaient
de longue date ce que pèse un harnais de guerre,
ce pourquoi fervestis du cimier à l'éperon, ne marchant qu'en bel ordre de bataille et impétrant à
corps et à cris occurrence à parfaire des prouesses.

La vérité requère en ce lieu d'avancer qu'à la
tête des chevaliers accourus de leurs châtellenies à
la voix de leur monarque, furent les trois frères
châtelains du manoir d'Eppes, advenus en compagnie de nombreux et féaux hommes-d'armes.

Nul est ignorant combien mal tourna icelle expédition d'outre-mer, éclose sous les plus heureux
auspices, et quels fruits amers elle porta par la
suite. Outre la ruine d'une partie de l'ost française,
advenue tant par les combats, tant par les maladies, faut rappeler la captivité du roi Loys IXe,
l'occision d'un grand nombre de preux chevaliers
entraînés par l'ardeur bataillarde du comte d'Ar-
tois, frère du roi, lequel ils ne s'étaient mie soucié
de quitter en son pourchas à l'endroit des mé-

créants jouxte la ville de Massoure, soulant mieux ainsi voler au trépas avec leur prince ains que de rattourner, lui absent, au camp chréticn, portant en croupe de leurs destriers la vergogne de l'avoir abandonné par couardise.

En icelle journée tant fatale de Massoure, où des chevaliers croisés par centaines trouvèrent de glorieuses funérailles, d'aucuns, malgré qu'écrasés par le chiffre toujours croissant des Sarrazins, parfirent des prodiges de la plus grande value, sans pour ce rencontrer le coup de la mort. Au nombre de ces derniers, force est de citer les trois frères d'Eppes. Vrais lions de bataille, toujours au plus fort de la mêlée, ils ne cessèrent pardurant de longues heures d'estocader de leur bonne épée de chevalier. Ains las! hélas! la fortune ne secondant pas leur courage ils ne purent échapper à leur destinée. Serrés de dextre et de sénestre, pressés par-devant comme par-derrière, anhélans, couverts de sang, de sueur et de poussière, les bras retombant de lassitude, ils se virent contraints, combien qu'à contre-cœur, de s'avouer déconfits par la fatigue et de se rendre à discrétion, après avoir fait mordre la poussière à ne sais quante d'ennemis.

Contrairement à l'attente des frères châtelains, lâche occision de la part des Sarrasins qu'ils venaient de battre et combattre ne suivit pas la leur reddition. Eu égard à leur belle montre de braverie, le combat durant, ils furent de part le soudan d'Egypte conduits en sa présence, et là, icelui fit demande à chacun d'eux s'il ne se sentait pas en appétit, à icelle fin d'échapper aux douleurs du martyre, de déserter la bannière du Christ pour soi ranger sous l'étendard de Mahomet ; qu'icelle mutation serait pour lui grande source à laquelle il puiserait sans crainte de la tarir, honneurs, richesses et le demeurant.

Imposer à chevaliers chrétiens telle condition pour rachat de leur liberté, autant valait dire qu'il soulait voir s'entr'accoler deux montagnes distantes l'une de l'autre par cent lieues de vallée. Alpes italiennes et Pyrénées espagnoles par ainsi.

Aussi bien les trois sires d'Eppes arrépondirent-ils tout à plat au soudan, qu'ils préféraient trépasser par le fait des tortures, chrétiens et non coupables, ains que de vivre malcroyants emmi les honneurs et entachés du péché de foi-mentie à leur Dieu.

A l'ouïr de telle réponse, le monarque égyptien iré au possible, joua du sourcil, fit charger de chaînes les chevaliers captifs et embastiller incontinent en une geôle ténébreuse, en plus ordonnança au maître-tourmenteur de tenir en état son arsenal d'outils à torturer pour le jour du lendemain.

A tout ce que firent et dirent les trois frères ? Sainte et belle conduite ! La bonne fortune les avait faits nobles et fiers, mêmement les retrouva la male chevanche, ne pouvant parvenir icelle à abattre ne rendre leur âme esclave de celui-là qui tenait leur corps enchaîné à l'étroit. Ce pour quoi ne prirent-ils aucunement souci des ordonnances du soudan Sarrazin non plus des tourmens à venir, sachant bien par expérimentation que la bénoîte sainte Vierge n'a cesse d'intercéder auprès de son fils en faveur des malheureux qui la prient et ressuplient, et que la main de Dieu est toujours là, présentant la planche du salut au plus fort du danger à ceux qui l'adjurent avec ferveur. Adonc colloquèrent-ils toute leur fiance en sa dive miséricorde et Dieu leur en sut gré.

Oui-dà ! ce dut être un beau songe, bien beau sur ma foi, pour les trois chevaliers chrétiens, quand à l'heure du sommeil, vers la minuit environ, apparut tout soudain par-devant eux venuste pastourelle aux yeux de vierge, au teint bazané par soleil d'Egypte, le chef coiffé du turban sarrazin et atournée de tuniques du tout brocardées de passequails d'or et d'argent à la mode mauresque, du tout encore resplendissante de pierreries jetant par la geole éclat vif et flamboyant et scintillant d'une

façon moult mirifique aux reflets du luminaire suspendu à sa dextre! Vrai! c'était à prendre la réalité en suspicion, d'autant plus encore alors qu'ils
ouïrent voix suave et harmonieuse comme son de
lyre d'archange, proférer ces dits tant doux à
l'oreille d'un captif.

— Preux chevaliers, le Dieu des chrétiens vous
vient en aide et recours : levez-vous, êtes libérés
à l'avenir !

Quelle femme pouvait de telle sorte et manière
agir à leur endroit, n'était la sainte Vierge en personne attifée de ses plus précieux habits de fête?...
pourpensèrent les chevaliers.

La sainte Vierge!... Non dà ! ains tant seulement
la messagère d'icelle. Or ça, il est à savoir qu'i-
celle jouvencelle qui venait par ainsi annoncer aux
châtelains d'Eppes la leur délivrance, n'était ne
plus ne moins que la princesse Ismerie, fille du
soudan égyptien. Il est remarquable qu'icelle pastourelle, maugré que nourrie dès son enfance des
sucs vénéneux pour l'âme distillés par la religion
mahométane, guidée par le ciel sans conteste,
pourpensa à libérer à elle toute seule les chevaliers
captifs, et à départir avec iceux pour le gentil pays
de France dont n'avait cesse tout pérégrin d'exalter les mérites et beautés en mille et une strophes

différentes. Dieu lui avait soufflé au cœur tel dévotieux projet, et Dieu permit mêmement qu'il fut
par elle mené à bonne fin.

Fait du tout surnaturel de soi ! après la vision
nocturne que les sires d'Eppes cuidaient être l'effet
d'un songe, combien gros ne fut pas leur ébahissement, quand au jour du lendemain, ils se réveil-
lèrent non plus enchaînés ne gisant sur le chaume,
ains mains et pieds libres et étendus sur couche à
la mode du pays de France et de plus abrités dessous leur tente de campagne ! Miséricorde-Dieu !
tant plus ils portaient la vue à l'entour d'eux, tant
plus aussi grandissait leur admiration en arracon-
naissant suspendue aux parois de leur tente et rangée en bel ordre, chacune pièce composant leur
armure, chacune aussi tout autant brillante que la
veille d'un combat !

Or sus, comme ils s'apprêtaient de concert à
mettre genou en terre, en intention de mercier et
remercier le Seigneur-Dieu d'avoir par ainsi opéré
miracle en leur faveur, certes ce ne fut mince surprise pour eux, d'aviser en un angle de leur tente,
agenouillée sur riche tapis persan la même pastourelle, messagère de l'avis de leur libération, qui
d'après leurs souvenirs leur était en songe apparue,
à leur sens, ains bien en réalité, et qu'ils ouïrent

sa voix les obsécrant au nom de Dieu de la faire chrétienne sans retardement.

Ne consumèrent un long-temps, les trois frères, pour arreconnaître en icelle juvénile Sarrazine, l'élue de Dieu, guidée par sa main invisible en leur bastille pour les libérer. Adonc ce fut à leur tour à se prosterner à ses pieds, en la merciant les lèvres sur sa chaussure et l'advocant un chacun en son effusion de joie, sa Dame de Liesse. Mais elle, se garant de telle adoration du tout inventée pour divinité célestine, n'impêtrait onc qu'une grâce, à savoir d'être baptisée au plus tôt pour être au plus tôt chrétienne.

Sur ce, se fut emmi les chevaliers grand empressement à qui irait quérir le prime de tous eau baptismale. Ce pourquoi à peine eurent-ils soulevé la tapisserie pour déclore la tente, qu'ils s'exclamèrent à l'unisson :

— O bonté de Dieu!

Et sus et tôt, genou en terre, mains conjointes, yeux exaltés au Ciel, ils se répandirent en prières et témoignages de gratitude envers le Seigneur-Dieu. C'est qu'aussi, verdure douce et tendre comme au renouveau, avait remplacé les plaines sablonneuses du pays d'Egypte; au lieu et place d'un désert sans limite, se déroulaient à l'horison collines aux gentilles croupes chargées de forêts verdoyantes que surmontaient de ci de-là clochetons de moûtiers ou tourelles féodales. Sur l'une d'elles flottait un pennon mi parti-rouge mi parti-bleu.... Les chevaliers arreconnurent tout aussitôt leur bannière et tel signe fut à suffisance pour les orienter et les advertir que la terre qu'ils foulaient aux pieds était dépendante de leur châtellenie.

A l'ouïr de l'exclamation des sires d'Eppes clamitant au miracle, se hâta la jeune princesse Sarrazine d'issir de la tente, pour être témoin encore une fois, comme sait le Dieu des chrétiens, rendre manifeste son omnipotence à quelconque lui agrée. A peine fut-elle issue de la tente, voilà-t-il pas que tout soudain jaillit à ses pieds, comme au temps jadis à la voix du prophète Moïse au désert, fontaine vive dont l'eau pure servit incontinent à absterger son âme du péché originel. Puis tout aussitôt la cérémonie du baptème consommée, icelle jeune fille disparaissant à l'improviste, fut pour toujours invisible aux yeux des trois chevaliers, sans qu'ils pussent dire par où ne comment elle s'en était départie, laissant au lieu et place par elle occupée tout-à l'heure, tuniques richissimes et brillants affiquets dont elle était atourée. Sans conteste eussent accusé tel fait de sortilège, les chevaliers,

si dans tout ce , le Seigneur n'avait à suffisance in-
diqué quel doigt en avait dirigé la trame , et qu'en
fesant ainsi disparaître miraculeusement la belle
vierge Egyptienne de dessus terre, c'était un ange
de plus qu'il appelait à soi.

Ainsi avint comme il se fit par miracle célestin,
que les trois frères seigneurs d'Eppes , pour avoir
conservé à Dieu leur foi pure et intacte, au rebours
de soi laisser éblouir par vains éclats d'honneurs
terrestres et n'avoir onc cessé d'adjurer la sainte
Vierge de leur venir en aide, sans prendre en souci
les tortures dont ils étaient menacés, furent trans-
portés pardurant leur sommeil, de leur bastille
de Massoure au beau milieu de leur châtellenie
d'Eppes.

Non contents d'avoir fait rithmer par les trouvères picards telle chronique tant et tant surnaturelle, à celle fin qu'un chacun se la put recorder à
toujours, ils soulèrent en attester la véracité aux
races à venir par un saint monument. Donc à cet
effet fut édifiée petite chapelle où réposait leur
tente. Sur l'autel d'icelle, fut de par eux colloquée
pourtraiture de la bénoîte sainte Vierge composée
de matière reproduisant au regard de tous teint
égyptiaque ; d'abondant fut acoutrée icelle vierge
des atours et joyaux abandonnés par la princesse

Isméric. Furent ainsi menées les choses par les châtelains d'Eppes, en souvenance de ce qu'elle fut leur libératrice.

La renommée s'étant empressée, ensuivant son accoutumance de publier au lointain icelui prodige du tout surnaturel, ce fut à qui séant aux alentours viendrait adorer la sainte mère de Dieu en sa nouvelle demeure. Il se fit par aventure qu'un souffreteux travaillé du mal des ardents, à toujours ayant l'écuelle aux lèvres pour étancher sa soif et éteindre le feu qui lui ardait les entrailles, s'avisa de puiser de l'eau à la fontaine miraculeuse et d'en boire d'aucunes lampées, ce dont il se trouva si bien, que dès ce moment il entra en parfaite guérison.

Telle nouvelle, comme de raison, s'ébruita vitement par les pays circonvoisins, s'épandant à chacun jour de plus loin en plus loin, si, que des pays les plus distants comme des plus proches vit-on accourir à chacune saison printannière malingres et fiévreux, nobles ou vilains; en plus, grandes dames et vassales, venant prier pour le fruit de leurs entrailles : trétous accourant par centaines, étaient véhémentement désireux d'accomplir leurs dévotions à la sainte Vierge, faire flamber des cierges en son honneur et goûter l'eau émerveillable, à cette fin, iceux, d'être libérés de leurs maux et douleurs ; icelles, d'obtenir bonne issue en leur délivrance.

Tant et tant accoururent de pélerins aux primes jours, que besoin réquit pour ne mettre pas la fontaine miraculeuse à sec, de la murer et n'en bailler à l'avenir qu'à bon escient et ça en petite dose. La garde d'icelle, fut dès-lors confiée à quatre des plus nécessiteux du pays, accipant de toutes mains targes et patards. De ce furent-ils appelés, eu égard à telle bonne aubaine, *les chanoines de Liesse*. Puis la chapelle étant devenue trop étroite pour contenir si très grand nombre de pérégrins accourant de cent licues à la ronde, pour lors, des déniers et œuvres-pies d'un chacun, fut édifiée belle et spacieuse église, laquelle se peut voir aujourd'hui. A l'entour d'icelle église s'élevèrent hôtelleries pour héberger les venants, jouxte lesquelles s'adossèrent échoppes de trafiqueurs de reliquaires, chapelets, bouquets et le demeurant, et par ainsi donnèrent naissance au bel et grand bourg qui prit à nom icelui de sa patronne, et fut appelé dès lors comme pour l'avenir, Notre-Dame-de-Liesse.

De telle sorte et manière se forma cettui joyeux pèlerinage. Nul ne s'y rend morose et malingre qui n'en revienne alégre et convalescent, et ne chante le long de sa route les mérites de Notre-Dame-de-Liesse ; si bien qu'icelui nom est devenu cri de réjouissance et n'est onc proféré qu'en des moments de jubilation, ainsi qu'il appert par le temps présent.

Voyez-ci la chronique de Notre-Dame-de-Liesse. Heur et gloire à qui accomplira le pélérinage qui porte ce bienheureux nom, il en retirera grand profit à son advantage.

A peine le sire de Marchais eut-il narré la chronique de Notre-Dame de Liesse, religieusement écoutée par tous les assistans, que la fille du comte de Braisne adressa de nouveau un messager à son beau cousin Hugues-Nevelon de Pierrefonds. Celui-ci annonça avoir à débiter une légende surnaturelle, ayant pour titre

LES MOINES

DE

LA FORÊT DE VILLERS-COTTERÊTS.

« Nobles et belles dames, gentes et venustes damoiselles, et vous preux chevaliers, vous aussi pages et varlets qui marchez sur les traces d'iceux, vous tous enfin ci-présens, oyez l'aventure mirifique advenue à dom Baudoin, recteur en l'université de Paris, ores qu'icelui traversait la forêt de Villers-lès-Cotterêts, en soi rendant d'un couvent de Saint-Quentin à une abbaye de chartreux, sise tout jouxte la ville de Dijon. En plus, priez Dieu trétous, et ce, bien dévotieusement, qu'il vous soit mémement en aide en semblable occurrence. »

« Or, est-il à savoir que dom Baudoin (Dieu ait son âme en sa sainte et digne garde!) s'en allait chevauchant par les grand's routes de la ville appelée du bienheureux nom de Saint-Quentin à celle de Dijon, en la province de Bourgogne, portant valet à son service en croupe de sa mule; n'ayant défense autre à eux d'eux, encontre attaques et surprises des clercs de la confrérie de Saint-Nicolas, grands robeurs sans pitié ne merci, que sacro-saint reliquaire à leur montrer, en manière d'arme courtoise. Au demeurant n'eurent-ils de ce côté soucis ne marrissons. Dieu merci! ils n'avisèrent tant seulement plumail d'aucuns d'iceux malfaiteurs. Ains ce fut d'un bien autre mauvais pas dont les désembourba main divine, ainsi qu'allez l'ouïr ».

« Advenu avec la nuit à l'orée de la grandissime

forêt de Villers, le condigne recteur piqua de plus belle sa monture en intention d'aller quêter gîte et coucher au couvent de Bourfontaine, duquel le prieur était depuis longues années le sien amé, au rebours de rétrograder un petit, et s'en aller toquer à l'huis hospitalier d'un monastère sis en de çà de la forêt. Conseil qu'aurait dû lui souffler à l'oreille dame prudence mère de sûreté ».

« Ains aussi, avint que par nuitée si très fort ombreuse, le maître-recteur aux quatre facultés n'ar-reconnut plus en sa chevauchée par les bois, la sente qui d'ordinaire le conduisait au susdit moûtier de Bourfontaine, si bien qu'il fut réduit, maugré le sien bagage de pédant, à jeter la plume au vent pour prendre connaissance à l'endroit de quel point géographique il adresserait ses pas. Autrement force lui était, à cette fin de voir clair en son marcher, de passer à la belle étoile les douze heures de la nuit, ce dont il ne se souciait, j'en ai avis, vu la froidure piquante, laquelle engourdissait et corps et esprit. — Faites état, gentilles oreilles qui m'oyez, qu'on était au temps hibernal avoisinant le saint jour de l'éjouissante Epiphanie ».

« Adonc pour remédier à cettui méchef, dom Baudoin ordonnança au sien valeton de se guinder jusques au sommet d'une yeuse, surchargée tout autant de touffes de gui que d'années, en espoir de découvrir au lointain lumière quelconque, laquelle leur put servir de fanal en leur route ténébreuse ».

« Or sus, voici le valet obédient qui monte à un vieil chêne haut élevé, tout aussi lestement que enfançon allant prendre la pie au nid ».

« Heur de Dieu ! cettui valeton avisa au loin par les bois, bien au loin il est vrai, luminaire resplendissant à travers ne sais quante de verrières ».

« Sur ce vû, maître et valet tirèrent sus et droit devers le point lumineux, fendant à grand'peine broussailles et fourrés, réveillant en sursaut daims et cerfs y retraités, se faisant mutuellement peur les couards qu'ils étaient, bêtes et gens ; et pour en toute fin advinrent iceux non sans mal, portant figure sanguinolente, mains écorchées au vif, vestiture déloquetée par épines et mort-bois, jouxte un édifice de bonne mine et belle apparence, tels que pourraient en réclamer châtel ou couvent ».

« Aussitôt et sans plus ample délaiement, ils soulevèrent le heurtoir de la porte d'entrée, lequel retombant avec gros fracas et poussant sourd gémissement, bailla aux hôtes de céans que d'aucuns en requéraient l'entrée. Ne fut long à apparaître à leurs regards, moine de blanc vêtu, s'appropinquant

d'un pas grave et solennel, faisant l'effet ainsi vu
au lointain d'un trépassé revenant ci-bas des régions
subterréennes ».

— Holà! hé! mes maîtres, clama-t-il d'une voix
de chantre au lutrin, quels êtes-vous pour venir à
cette heure tant indue, férir du heurtoir à l'huis du
couvent?...

— Frère en Notre-Seigneur Iésus-Christ, arrépondit avec air de contrition dom Baudoin, ce sont
ne plus ne moins que de pécheurs en Dieu qui vous
viennent quéter la couchée; la leur dénieriez-vous
par nuitée tant algide, dites?

— En le cas, pouvez compter que trouyerez-ci
couche à votre taille, fit en telle sorte et manière
le frère au blanc mantel. Ains aussi me permettrez
d'en aller au préalable impètrer le permis au révé-
rend prieur, comme ainsi le comportent statuts et
réglemens nôtres, auxquels ne pouvons faillir, sans
avoir péché sur la conscience.

— Ainsi soit! ains de gráce diligentez en la votre
besogne, fut la réponse du damp recteur se tenant
coi, la tête fourrée dans sa capuce, et soufflant
dans ses mains raides de froidure.

« Par le très petit tems de marmoter un *Credo*
le recteur vit advenir à soi le prieur en personne
précédé de valets portant flambeaux ès-mains pour

l'éclairer en son marcher et faire honneur à ses hôtes. »

— Viateurs pérégrins, quelque vous soyez accla-ma-t-il de son plus haut, soyez les bienvenus, vous êtes-ci en maison hospitalière !

« Et faisant grincer l'huis en ses gonds rouillés, recteur, mule et valet pénétrèrent en la cour du couvent. Ores que le valeton en compagnie de sa bête prenait la voie de l'écurie, le prieur de céans mettant sienne dextre en icelle du docte recteur, faisait prendre à cettui-ci la direction de la plus grande, la plus spacieuse salle du moûtier, en la-quelle se trouvaient tous les frères réunis et attablés devant un surtout splendidement surchargé de mets les plus succulens, tels que paons, faisans, gelines, pâtés, conserves, et le reste gisant en des plats d'or, sans compter hanaps et brottines plantés sur table tout aussi drus que pertuisanes en un gros de gens-d'armes ».

— Frères ! fit en entrant dom Baudoin, à l'a-dresse de la compagnie, que le Seigneur Dieu vous continue ses bonnes grâces... — Et faisant trois salutations par déférence, il ajouta sus : *Et pax vobiscum !*

« Comme ainsi parlant, il se décapuchonnait pour envisager au très mieux si beau troupeau du

Seigneur, loisir ne lui fut d'aviser les contorsions
d'un chacun des convives, semblables du tout à
contorsions de diable se démenant en un sacrosaint
bénitier, ores que leurs cent voix n'en formant
qu'une, arrépondaient solennellement à trois reprises :

— *Amen! amen! amen!*

« En présence de tant de merveilles enfantées
par génie de maître-queux, le doctissime recteur
pourpensa à la mine moult piteuse qu'il allait faire,
n'étant pas du nombre de ceux-là, combien qu'il
portât capuce et soutanelle, qui s'en vont en ligne
droite de messe à table, aimant petits offices et longs
repas, et tenant en haine les impromptus eu égard
à un banquet : — ains au rebours, étant tout aussi
modéré sur la nourriture du corps, qu'affamé sur
icelle de l'âme ; à toujours, en tous lieux, préférant
cracher à jeûn bribes de grec et latin, que de toucher, une fois les entrailles satisfaites, à tranche
de jambonneau ou aiguillette de faisan ».

« En plus, idée subite lui survenant qu'on était
dans la sainte nuit du vendredi au samedi, donc en
heure de jeûne et temps de contrire la chair, s'é-
merveilla grandement le digne abbé d'être en présence d'un surtout si très bien servi en viandes de
tous genres et vins de toute espèce, et de n'y voir

pas tant seulement écuelle de racines et cruchée d'eau fraîche. De prime face pensée lui survint qu'il pourrait bien y avoir ensorcellerie sous jeu. Adonc ayant le bon vouloir d'éclaircir par demandes et réponses ce point obscur en diable pour lui, et de ne rien omettre pour rasseoirs es esprits inquets à cet égard, il s'enquit du pourquoi de tant bel et tant splendide festin en faisant sa bouche voisine de l'oreille du maître abbé, qui par honneur près de lui l'avait placé ».

— Frère, arrépondit incontinent icelui sur ton benoîtement mieilleux, n'en ayez les esprits perturbés. Par les langes de l'enfantelet Iésus ! combien que ne soyons pas à la sainte nuit de Noël, à icelle fin de faire gras réveillon, ce néanmoins nous trouvez-vous en train de banqueter aux heures de sommeil, en intention de festoyer au très mieux la venue au monde d'un grand saint du pays qu'habitons et dont saurez le nom, en oyant chanter en son honneur la sainte messe à l'aube pointante. Or ça, en attente d'icelle, vous garderez bien de ne nous imiter pas, ai l'espoir, à moins que nourrissiez désirance que cettui grand bienheureux nous retire siennes grâces et faveurs pardurant l'année à venir, à compter de cette heure-ci ; de quoi, n'avez l'intention, que je m'imagine. Donc messire, fit-il approximant jouxte lui un vaste hanap d'or, pièce merveilleuse de joaillerie, tant très bien il était ciselé, guilloché, aorné de gemmes fines et marguerites précieuses, entre vous et moi la prime lampée et la buvetons en bonne et franche amitié !

« Et ce disant, il remplit la coupe d'un vin vieil, exhalant parfum aromatisé, à faire venir l'eau à la bouche, tant seulement que d'y cogiter. »

« Après ce dit et ce fait, quel assez outrecuidé, pour avancer qu'icelui débit n'était de nature à faire tourner en fumée doutes et soupçons, s'il ne loge en son corps l'incrédulité de saint Thomas ? »

« Ce pour quoi, arrépondit dom Baudoin ainsi qu'il suit :

Frère *consenseo* : d'ailleurs n'est-il point griffonné sur d'aucun parchemin de par le maître mirre Hippocrates que, *bonum vinum lætificat cor hominis?* et sur mon âme de chrétien, pour le quart-d'heure en ai-je besoin un petit dà ! vu la froidure éprouvée durant ma course nocturne en la votre forêt tout aussi ténébreuse qu'antre de démon.

« Or, comme l'égrège recteur prenait le susdit crater pour la porter à ses lèvres, jetant d'avanture le regard sur l'assistance, il cuida s'apercevoir qu'un chacun là présent, mettait la main à l'écuelle sans par avant impétrer les grâces du seigneur, ainsi que se pratique la chose au début de tout repas chrétien. »

« A ce vù, le dévotieux abbé demeura grossement ébaubi. Telle remarque fut pour lui grande matière à réflexions, et sur ce, suspicions de toutes couleurs de trotter de nouveau par son chef. Pour enfin réveillé des pensemens noirs en lesquels étaient chus ses esprits, par la voix du prieur à lui présentant son hanap, dom Beaudoin prit aussi le sien en main sénestre. Ains devant que d'en venir à la trinque qu'impétrait le prieur de céans, il n'hésita mie à parfaire de sa dextre un large signe de croix.... »

« O miracle de Dieu ! ô prodige célestin ! à peine le sacrosaint signe de la croix fut-il accompli, ne voilà-t-il pas que le docte recteur ne vit plus par devant soi qu'une confusion à ne pouvoir aviser distinctement quel que ce fût, outre qu'il n'oyait plus que cris discordans, miaulemens aigus, éclats de voix sataniques, ce enfin toute la symphonie d'un tintamarre infernal joué à grand orchestre. »

« Comme le recteur émérite se frottait la double visière en crainte d'éblouissement, qu'elle ne fut pas la sienne stupéfaction, quand il ne vit plus rien à l'entour de soi, qu'arbres et broussailles et son fidèle valet ; bien plus, se retrouvant monté sur sa mule comme par devant ! »

« Certes, après telle vision le condigne abbé aurait cru à rêvasserie de ses esprits, s'il n'eût encore avisé en sa sénéstre, au bril des étoiles, sienne coupe d'or, du tout enrichie de pierres précieuses. Froc et barbe ! moines blancs et prieur, banquet et couvent avaient disparu comme par jeu de sorcellerie, sans laisser trace aucune. Ce pourtant au lieu et place d'iceux, on voyait issir de terre maintes langues de feu, œuvres du démon sans doutance nulle, courrant de ci et de là, se croisant et se heurtant, se confondant en gerbes lumineuses, puis se sceindant pour prendre des formes démoniaques et danser, baller, sauter et trésauter à la façon des diablotins, se réunir encore en faisceaux, et s'élancer de nouveau pour retomber cette fois en pluie de feu, puis le tout enfin s'évanouir en fumée emputanée, répandant à sa suite odeur de soufre. »

« En présence d'œuvre si très fort émerveillable, l'égrège recteur, désenfourcha sus sa monture et génufléchissant incontinent, se prit de concert avec son valeton, à mercier et remercier Dieu, de les avoir engardés de tant mal chevance. Ainsi demeurèrent-ils maugré vive et piquante froidure jusques au jour levant où ils se mirent en marche. »

« Ores que si ressentez un tantinet désirance d'assavoir quelle fin eut le hanap d'or resté ès-mains de messire dom Baudoin, dirai à vous tous qui m'oyez, qu'icelui en passant par Paris, la ville par excellence de nos rois, la troqua encontre de l'argent monnayé avec un enfant d'Israël, argentier de son état, sis au pont au Change; et que des écus d'or qui provinrent du marché, furent faites deux parts égales que bailla le damp abbé, l'une au couvent de Saint-Quentin, l'autre à celui des Chartreux proche Dijon. »

« Ainsi avint, comme quoi dom Baudoin recteur en l'université de Paris, fut engardé par dévotion, des lacs et engins à lui tendus par messire Satanas. »

« Dames et damoiselles, chevaliers et varlets, pages et écuyers, vous tous ci-présens, qui avez prêté l'oreille au mien débit, priez le Seigneur Dieu trétous et ce bien dévotieusement qu'il vous soit mêmement en aide en semblable occurrence. »

Lorsque le sire Hugues de Pierrefonds eut terminé sa légende, un nouveau page porta sur un signe de sa belle maîtresse, le rameau vert à un banneret, preux aux armes, étranger à la contrée, et qui tout modeste, disait en manière d'excuse ne savoir rien. Mais la jeune châtelaine l'ayant prié à voix haute de ne pas dénier un tel honneur, alors en

crainte de passer pour n'être pas usagé, de telle
sorte parla-t-il avec le rouge de la modestie au
front :

— Belle et gente damoiselle, ignore moyen de
n'obéir pas à requête issue de bouche tant amiable,
adonc vais-je l'acomplir sans délayer plus, en chantant pastourelle connue en mon beau pays de
Touraine, sous le nom de

ANNETTE LA GENTE BERGERETTE.

I.

C'était jour de fête : on oyait et chants du mé-
nestrel et doux sons de sienne musette.

Aussi n'étaient par le hameau jeunes gars ne garsettes, voire pages du manoir, beaux pages ma fy ! au pied leste, à l'œil hutin, qui ne prissent leurs ébats et ne batifolassent bellement sous l'ormel en danses et joyeusetés.

Mais qu'est-ce donc qu'icelle jouvencelle du tout jeunette encore, que va poursuivant de ses propos d'amour ensemble de ses regards fripons, le gentil page Raoul, Raoul le fillet au châtelain de céans?

N'est pourtant dame à cotte de soie, non plus damoiselle à toque de velours pour mériter tel honneur ; ains tant seulement petite serve à la fine taille, portant capot de siamoise et bavolet de linon !

C'est Annette la gente bergerette.

II.

Le lendemain, les jours ensuivans, Raoul, le beau page, fait pensif et songeur, se déambulait esseulé par les bois et les champs, rêvant d'amour, et requérant la bergerette dont il avait conservé la pourtraiture gravée si bien au vif en son cœur.

Pour sûr c'était raillerie de l'enfantelet aveugle : ne l'avait-il encore avisée !...

Quand par un beau jour, il ouït d'avanture voix fraîche chantant joyeuse pastourelle.

Lors, s'en avicina tout doucettement par derrière haie d'aubépine en fleur, et tant plus appropinquait le page, tant plus son cœur de battre moult plus vite que par le passé.

C'est qu'aussi la voix ne lui était inconnue.

III.

— Los et baiser à la belle, chantant comme alouette !.. exclama l'énamouré page comparaissant

sus et tôt par-devant la bergerette et tollant en em-
blée doux baisement dessus les siennes joues, à
l'accoutumée blanchettes comme marguerites des
champs, et s'empourprant tout soudain à l'égal de
cerisettes par soleil d'été.

—Beau diseur, fit à l'adresse du jouvencel, la
paysannette en son parler naïf, ne sentez-vous point
vergogne de venir par ainsi conter fleurette à moi
si pauvrette!... A d'autres, qu'il vous plaise! A
d'autres et plus riches et plus belles les votres propos courtois. Ne suis que bergerette ayant pour tout
trésor troupeau et non plus.

IV.

—Bergère ou grande dame, il ne m'affiert! répliqua tout soudainement le page. Est-ce à dire

que n'ai pas trésor à suffisance pour deux? A celle qui prendra fiance en mes sermens et ne rejettera mienne foi, couronne de baronne et joyaux de comtesse! N'est-ce donc pas là chose digne d'envie? Qu'en dites, ma mignonne.... hein?

— Que nenni, mon gentil sire et maître, nenni déà!... Peut-être bien qu'aurais bon vouloir de vous aimer, n'était qu'êtes page pour le présent et grand seigneur à venir. Aussi bien beaux titres et joyaux, le sachez, messaieraient à Annette la bergerette.

V.

Au doux langage d'aimer, quelle fillette saurait tenir rigueur?...

Le temps n'avait pas encore cheminé de beaucoup qu'Annette ne répondait plus—nenni—aux propos galantins à elle débités par bouche de page.

Son petit cœur battait d'unisson avec icelui de Raoul, Raoul le fillet au châtelain de céans.

Non qu'en échange de l'amour qu'éprouvait à son endroit, la paysannette, elle eut livré le sien trésor de vierge.

Non dà!

Nice pucelle qu'elle était, ne savait à la guise de nobles et grandes dames octroyer à chevalier avenant le don d'amoureuse merci.

Belle et sage en tout point, Annette pouvait encore marcher le front levé emmi siennes compagnes, pour ce que souffle pur d'amour, avait tant seulement caressé sa couronne de jeune fille, sans pour ce en maculer la blancheur virginale.

VI.

Las! las! il n'est ci-bas d'heur constant.
Quel ne l'a par soi-même expérimenté?

Fallut au petit page qui soi faisait grand, aller gâ-
gner ses éperons d'or en champ de bataille, et la buccine sonnait la guerre du côté où nous voyons le soleil se lever.

Advint le jour de la départie du manoir paternel.

Le matin même, par avant que d'enfourcher son
destrier à celle fin d'aller chevaucher au loin, Raoul
content ensemble malcontent, avait dit à sa gente
Annette que tant très fort il aimait :

Dieu te gard' pour un petit temps, ma mie, et
au ratourner adviendront les épousailles !

— Pas assez brief, me dit le cœur mien, avait
gentiment fait réponse, la pauvrette, maugré gros
soupirs la suffoquant.

Avancer qu'il n'y eut pas de larmes répandues
pendant et après la partance, serait mentir à beau
front ; témoin la bergerette, laquelle, son bien-
amé absent, s'admontra dolente outre mesure, et
plora maintes fois en cachette.

VII.

C'était jour de fête : on oyait et chants du mé-
nestrel et doux sons de sienne musette.

Aussi n'étaient par le hameau jeunes gars ne garsettes, voire pages du manoir, beaux pages, ma fy! au pied leste, à l'œil hutin, qui ne prissent leurs ébats et ne batifolassent bellement sous l'ormel en danses et joyeusetés.

Mais qu'est-ce donc qu'icelle jouvencelle du tout jeunette encore, apparaissant tant mélancolieuse, tant marrie?...

N'est pourtant dame à cotte de soie, non plus damoiselle à toque de velours pour avoir peines de cœur à nourrir; ains tant seulement petite serve à la fine taille, portant capot de siamoise et bavolet de linon.

C'est Annette la gente bergerette.

VIII.

Est-ce pas qu'absence de soleil tout comme absence de bien-aimé fanent et jeune fleur et jeune fille?

Comment peut avoir fillette idées légères et couleur de rose, quand cettui-là qui a fait à son adresse de beaux sermens d'amour, est départi en guerre?

Sur toutes choses que si elle vient, prompte qu'elle est à s'adouloir, à pourpenser aux hazards périculeux en lesquels il chevauche raidement, et que maugré ardeur et vaillantise il suffit d'un vireton pour clore à jamais les paupières du sommeil sempiternel!

Dites, dites, à telles pensées, comment faire à icelle fin qu'âme ne choie pas en tristesse ne mélancolie?..

IX.

Pourquoi donc, que si Annette la gentille, toujours mène paître son troupeau, soit en plaine, soit sur le revers des collines, ores qu'il broutte liément l'herbée en faisant tintinnabuler ses clochettes, ses doigts effilés ne tressent plus couronne de marjolaine ou bluets, non plus forment bouquets de violettes, à celle fin de s'en aorner, car ce sont ses joyaux à elle, la bergerette!

Siennes brébiettes chéries sont délaissées. Sa dextre ne sa voix ne sont plus caressantes pour agnelets bondissant à l'entour de soi. Pour en clore, doux gazouillages d'oiselets ne parlent plus à son cœur...

Ains aussi à fréquentes reprises, elle se prend à tourner ses yeux bleus comme pervenche, devers le côté par où pointe le jour.

Puis alors, elle sent larmes de regret se suspendre à ses beaux cils, comme gouttes de rosée à fleurs printannières; en suite de ce, sourire d'espérance effleure ses lèvres vermeillettes.

— C'est par-là qu'il est départi; c'est par-là qu'il rattournera, se dit la pauvrette.

Et elle soupire!.. et elle soupire!..

X.

A toujours pensant au bien-aimé, à toujours expectant avec vive impatience le sien rattourner, elle le fait pérégriner en pays qu'imagine son esprit, en tous lieux où son cœur lui dit : — C'est là que Raoul le beau page, combien que juvénil encore, accomplit des traits de vaillantise à le faire marcher de pair avec preux à haut renom.

Ainsi en telle expectation, s'évanouit comme rêve d'amour saison printannière faisant place à été.

. Ainsi passèrent saison d'automne et froidure d'hiver.

Soleil de mai revint de nouveau, et Raoul n'était pas encore de retour, et Annette la bergerette n'avait cesse de mener vie triste et dolente.

XI.

Quand voici qu'un beau jour se font ouïr au lointain fanfares de buccines et clairons, hennissemens de destriers et clameurs de gens-d'armes.

Noël! noël! conclama lors foule de voix bruyantes et joyeuses, c'est notre sire tout juvénil qui s'en revient de guerre. — Los au bienvenu!

— Noël! noël!.. acclama mêmement Annette la bergerette, laquelle du haut de la montée où elle faisait paître son troupeau, avisait jà son féal amé.

Eclair de joie brilla tout soudain par ses yeux. Idées sombres de soi, se rasserénèrent tôt, quand elle vint à pourpenser à la jubilation de revoir de près cettui-là qui avait beau mettre à foison entre elle et lui châteaux et châtellenies, ce pourtant n'en

faisait pas moins battre son cœur, tout aussi vitement que s'il était là, près d'elle, et débitant à son
adresse de gentils propos d'amour.

Oui-dà, c'est Raoul, non plus revêtant jaquette
de page, ains cotte de maille de chevalier toute re-
luisante d'or et d'argent.

Oui, vrai-Dieu! Raoul, le fillet au châtelain de
céans, lequel s'enrevient au manoir paternel, vu
la guerre terminée, plus énamouré encore qu'avant
la départie.

XII.

Fidelle et sage, retrouva Raoul, sa gente bien-
aimée Annette.

Après accordailles jurées entre eux deux, besoin
fut de songer aux noçailles.

Y avait jà un long temps que le châtelain se faisait vieil.

Or, n'ayant qu'un garçonnet et ne sachant mie
ce qu'est imposer trève en amour, ne demanda
mieux le condigne géniteur, que de bénir l'union
de son fils Raoul avec la plus gente bergerette du
hameau.

Adonc non loin en ça, furent parachevées avec
pompe et solennité, épousailles telles qu'il est séant
à une baronne-châtelaine.

Plus d'une noble bachelette des castels d'alentour,
jalousa comme de raison, Annette la bergerette;
voire de ce, aucunes murmurèrent haut : appelant
fol de cerveau quelconque prenait à épousée, fillette sans écus d'or ne parchemins bien poudreux.

A quoi arrépondait Raoul :

— De toutes les dots, sagesse et constance sont
les plus belles au monde, que sache.

XIII.

C'était jour de fête : on oyait et chants du mé-
nestrel et doux sons de sienne musette.

Aussi n'étaient par le hameau jeunes gars ne garsettes, voire pages du manoir, beaux pages ma
fy! au pied leste, à l'œil hutin, qui ne prissent leurs
ébats et ne batifolassent bellement sous l'ormel en
danses et joyeusetés.

Mais qu'est-ce donc qu'icelle jouvencelle du tout
jeunette encore, portant cotte de soie armoriée
et corselet de velours comme belle dame, pour
ainsi baller avec tout venant et sourire à chacune
paysannette là présente?..

Pour ce faire ne porte-t-elle capot de siamoise,
ne bavolet de linon à l'instar de toute vassale !

C'est la belle jeune châtèlaine de céans, l'épousée
de messire Raoul, tout autant modeste en ses beaux
atours de baronne qu'était par-devant en sa vestiture de villageoise, Annette la gente bergerette.

Dès que le banneret Tourangeau eut terminé sa
pastourelle et que chacun l'eut remercié de concert, il s'éleva alors dans l'assemblée un grand dé-
bat de voix entre les dames et les chevaliers, pour
savoir, si Raoul le beau page, avait bien ou mal agi.

Quelques uns dirent oui ; quelques autres dirent non; ceux-ci le lozangèrent ; ceux-là le vitupérèrent. Ce qui prouva la véracité du dicton déjà bien vieux : « — Nul ne se peut dire idoine à contenter tout le monde et son père. »

Après quoi, chacun se trouvant avoir l'appétit satisfait, il fut décidé au milieu des acclamations, qu'il fallait en venir au paon, pièce que l'on réservait toujours par honneur en dernier lieu.

Alors le dameret de Commercy, ayant courtoisement requis sa belle voisine de procéder au dépècement du noble oiseau, celle-ci, l'en remercia par un sourire avenant et de douces paroles.

Aussitôt apparurent des trouvères picards, coiffés d'une toque ornée de plumes de paon à l'instar des chevaliers. C'étaient de joyeux mainteneurs de la gaie science, aux récits desquels se plaisaient toujours leurs auditeurs. A leur tête se faisait remarquer à ses cheveux blanchis par septante hivers, Pierre de Sygelart, si honorablement connu pour avoir cultivé, au gentil pays du Soissonnais, cette fleur d'orient si parfumée que l'on nomme Poésie. Les ballades qu'ils chantèrent, étaient pour la plupart empruntées aux œuvres des poétiseurs de la contrée, tels que le châtelain Renauld, Raoul II baron de Coucy, les comtes de Soissons Roul IV èt Thierry, et encore Gauthier de Coincy, lequel bien que cloîtré à l'abbaye de Saint-Médard, rithma néanmoins de joyeux noëls. Les trouvères mariant leurs voix aux accords de la doulcine et de la cithose, chantèrent ainsi d'amoureuses ballades, de gais tensons et de malicieux sirventes.

Mais dès que le noble paon fut découpé, le dameret Robert, en sa qualité de vainqueur à la passe-d'armes, se leva le premier et dit :

— Chevaliers à l'éperon d'or, oyez trétous !

Nul alors, fut à l'ouïr de ces paroles, qui ne gardât un profond et religieux silence, s'apprêtant dès son tour arrivé, à faire vœu sur le paon.

— Ça, poursuivit le roi de la fête, par la jeune et belle châtelaine de céans, je, Robert de Sarrebruge, dameret de Commercy, sire de Louvois et d'autres lieux, je jure sur cettui paon de vouer aux dames ma lance et mon épée, et de défendre envers et contre qui se présentera, à toutes armes et sans merci, la gente bachelette Jehanne de Roucy, la mie de mon cœur !

— Ce étant, se prit-elle à dire en manière de remerciment, d'une voix douce et fraiche comme un son de cithose, mon bel et gentil sire, à vous mon écharpe de soie !..

Et pendant que chaque chevalier élevait son hanap et clamait bruyamment en signe d'assentiment, elle la lui passa de son bon vouloir autour du cou.

Sur quoi, il vint à la pensée de plus d'un, que du gage d'amour, devait naître bientôt chaîne d'hymen.

DIANE DE POICTIERS.

Qui vous a faict l'air marry, belle dame?
Le trépied des oracles cabalistiques.

Mult fit douce blécéure
Bone amour en son venir,
Et mielz voudrois la pointure
D'un éscorpion sentir
Et morir
Que de ma dolor languir.

Raoul IV, comte de Soissons.

§—I.

AU PALAIS DES TOURNELLES.

1525.

Après les humiliations juridiques, que venait de pâtir son vieux et non coupable père Jehan de Poictiers, comte de Saint-Valliers, par suite de la défection et félonie de son parent le connétable de Bourbon, la belle et jeune Diane, malgré les caresses et les amoureux propos que ne cessait de

lui prodiguer son royal amant François Ier, ne trouvait qu'ennui et tristesse dans les somptueuses salles
du palais des Tournelles, où elle s'était retirée,
après son départ du manoir conjugal. Que s'il lui
arrivait de lire les compositions réjouissantes d'A-
lain Chartier, les poésies chaudement amoureuses
de Clotilde de Surville, ou les œuvres érotiques
de Saint-Gelais le poétiseur, ou bien encore les
gentilles strophes de messire Clément Marot,
toutes sans exception, au lieu de lui appeler le sourire aux lèvres, comme par le passé, ou de glisser
dans son cœur un désir d'amour, présentement
lui faisaient l'effet d'une potion aux pavots. Venait-
elle à revêtir les beaux atours de reine que lui avait
donnés le roi, en pur don d'amitié, ce n'était plus
pour Diane, comme aux jours écoulés, passe-temps
si agréable, qu'elle ne songeât aux heures ainsi
consumées. Enfin, se promenait-elle sur le soir
sous les allées ombreuses du mystérieux Dédalus,
en compagnie de son beau chevalier, celui-ci la
trouvait indifférente à ses propos courtois comme
à ses sermens d'amour.

Las! ainsi en était-il de tout à l'égard de Diane
la belle.

Aussi, la langueur avait-elle commencé à pâlir le
vermillon rosé de ses joues, et fait perdre leur éclat

à ses beaux yeux bleus comme ciel de renouveau. François Ier, au désespoir de trouver sa Diane plongée dans la tristesse à toute heure du jour comme de la nuit, s'ingéniait à lui procurer les passe-temps les plus propres à la distraire de son ennui. Vainement ordonnait-il des bals, des mascarades, des joûtes et des carrousels en son honneur, celle-ci n'y paraissait même pas. Vainement aussi essayait-il de lui persuader que, bien que conjointe, par acte passé par-devant tabellion, au sire Louis de Brezé, connétable de Normandie, et nonobstant cohabitation de plus d'une année avec lui, néanmoins n'était-elle sienne que de nom et point de fait, comme elle lui en avait fourni des preuves irrécusables lors de la nuit qu'ils avaient passée seuls en la maisonnette de Cléry ; qu'ainsi donc, elle avait droit d'annuler de son plein gré un acte, dont la condition fondamentale n'avait pas été accomplie. Malgré tous les frais d'éloquence de son amant, Diane au cœur pudique encore, n'osait ajouter foi à son résonnement.

C'est qu'aussi, elle ne se sentait assez courageuse pour supporter, soit en plein jour, soit à l'éclat des lumières, les regards scrutateurs des gens de cour ; et encore moins, pour braver en face, les remarques âcres de médisance de leurs épouses. Or, elle crai-

gnait qu'en fréquentant les salles et les galeries du
palais des Tournelles à l'exemple des grandes dames et hauts seigneurs, ceux-ci ne vissent écrite
sur son front pâle et souffreteux, ou dans son regard vague et indécis, sa sentence de condamnation,
qu'à chaque minute, allait lui répétant sa conscience.
—Diane de Poictiers a failli à la foi conjugale, pour
se faire l'amie familière du roi François premier.

Consulté par le roi, sur les panacées ou philtres
à administrer à sa jeune maîtresse, pour la faire revenir à la vie et ressusciter à la joie, M⁰ Agrippa,
à la fois mirre et astrologue de la cour, lequel avait
au moins conscience de son savoir, répondit sans
se départir de sa louable habitude pour et contre
le sujet de la demande, en crainte, sans doute,
de faillir en ses ordonnances, s'il parlait clair et
net.

— *Sada Nedibim!* s'exclama-t-il d'un ton oracu-
leux, bien docte vous affie, sire, et certes mérite
grands los, cettui-là qui consume la majeure partie
de la vie sienne à compulser les écrits d'Hippocrates
et Gallien, tous deux maîtres passés ès-sciences
médicinales, et parfaire ensuivant leurs recettes,
charmes et breuvages enchantés. Ains aussi, trois
fois plus fol que votre fol en haute gamme, messire Triboulet, quelconque ajoute créance en l'art

Esculapien. Car au mien avis, n'ai connaissance au monde de science échaffaudée sur terrain plus mouvant, qu'art de porter remède et recours aux souffrances et langueurs du corps. Or donc....

— Par ma Salamandre! maudit soit mirre si très fort prolixe et tant fluctueux en paroles, messire Agrippa! interrompit le roi sur un ton impatienté, ne faites dériver, vous prie, vos ordonnances de si loin ; ains vous hâtez sur mon ordre, d'en venir brièvement à votre fin, et de ne retomber pas en redites, comme ainsi faites à chacun jour, touchant la pharmacopée, car ne me sens présentement d'humeur à prendre goût à vos écarts de langue. Faites en état pour l'avenir, messire, et par-devant moi soyez compendieux !

— *Lamah Sabachtani !* or donc affierai par la barbe d'Hippocrates et la mienne ! reprit le maître-mirre, que ladite dame Diane de Poictiers ne se trouverait mal d'aller respirer l'air printannier des champs et des bois. Car tout ainsi qu'il est écrit au pays latin : — *Divina Diana....*

— Bien! fit le roi, passez outre et me faites grâce de votre citation.

— *Alleluia !* sire, plutôt m'arracher tous les poils de la barbe un à un, et trépasser d'une citation latine rentrée, que de vous déplaire en rien.

Or ça, est-il remarquable, que si la gente dame Diana élisait domicile un plus long temps en cettui palais, les siennes blanches paupières pourraient-elles bien se clore à tout jamais. Notez, sire, que ne dis pas qu'il n'en sera point de même aux champs; car le savez, quel est assez outre-cuidé pour se croire omnipotent au point d'arrêter dame mort en son itinère? *Dixi*. — Grand roi faites en état.

— Foin de mirre et physicien si très fort encroûté de pyrronisme, toujours disant oui et non à l'endroit du même sujet, et ne sachant onc s'arrêter à noir ou blanc, s'exclama le roi, dès que Me Agrippa eut les talons tournés! Foi de gentilhomme! maugré cheveux et barbe blanchis par septante hivers, n'est-ce encore je cuide, qu'une vraie tête à bourlet condigne d'un bonnet à grelots et pour cause.

Nonobstant les doutes de son mirre-astrologue jetés en avant, de peur, sans doute, de frapper à faux, et que sa réputation n'en souffrit quelqu'atteinte, le roi François Ier pensa que de toutes les panacées, la meilleure devant tourner à efficacité dans la maladie de sa tant belle et chérie Diane, serait sans contredit, son éloignement de la cour, où la crainte d'être surprise à toute heure du jour en sa compagnie royale, la contraignait à ne se livrer pas avec abandon à ses ébattemens de jeune femme de vingt ans. Ce pourquoi prit-il aussitôt la résolution d'aller habiter momantanément avec elle, un de ses châteaux situés en province.

Quant son gent cors et son vis clerc
Et sa grant biauté remirai,
Lors la trouvai si à mon gré
Que toute autre amor oubliai.

Raoul II, sire de Coucy.

A FOLEMBRAY.

Après son bel et royal domaine de Chambord,
un des séjours qu'affectionnait le plus François premier, était le châtel de Folembray, sis dans le Soissonnais. Bien que les préaux et les jardins d'agré-
ment fussent resserrés aux quatre points géogra-
phiques, que les cerisaies et les pourpris ne

s'étendissent pas à perte de vue, néanmoins les pélérinages qu'il y fit à fréquentes reprises, donnent à penser qu'il y trouvait quelque charme. Plus d'un motif au demeurant pouvait bien déterminer cette préférence. C'était d'abord la position pittoresque du châtel ; puis, les forêts giboyeuses qui s'étendaient à l'entour, dans lesquelles il trouvait du plaisir à chasser le daim, le cerf et le sanglier qu'on y rencontrait en abondance ; puis encore et surtout avant toutes choses, la bien brève distance qui le séparait de sa capitale, distance qu'il pouvait, sans se fatiguer, parcourir en une journée. Que si le chancelier Duprat lui expédiait un messager-volant porteur de dépêches pressées, le roi y fesait prompte réponse : au rebours, requéraient-elles sans délai, sa présence dans sa capitale, aussitôt enfourchant un destrier ou montant en litière, François Ier, partait de Folembray au soleil levant, et avant la chute du jour, sa vue se reposait sur les tours jumelles de Notre-Dame de Paris, où sur les mille et une tournelles de son beau palais.

Plus d'un avantage, comme on voit, avait pu engager le roi à choisir, en cette circonstance, le châtel de Folembray, pour y passer avec sa belle maîtresse une partie du printemps de l'année 1525. Dès qu'une fois la décision en fut prise, tous deux au jour du lendemain s'y trouvaient déjà rendus.

—Diana ma bien-aimée, lui dit le roi, dès qu'une fois ils furent arrivés à destination, ordonnancez-ci à votre duisance, commandez comme bon vous semblera, ce enfin agissez à Folembray, ne plus ne moins, que la reine mon épousée, au palais des Tournelles ; et tenez en note qu'ordres et commandemens issus de votre bouche, seront mis à exécution, sans pour ce donner prise à médisance de cour. En plus, n'ayez cure en cettui châtel, que malbouche, de vos gestes, dits et actions, fasse sienne curée, pour ce que n'aviserez onc jouxte vous, que serviteurs trouvant délectation à complire vos désirances, tant minimes soient-elles, moi le prime de tous, belle dame, que s'il vous est duisant de me numérer au nombre d'iceux.

Ainsi faisant, bien agit François Ier. La cure fut des plus merveilleuses et porta fruit hativement. Aussi, en fait de médecins les mieux expérimentés dans les maladies de langueur, soupçonne-t-on sans tort, que l'amour ne soit le premier de tous.

A l'abri de tous yeux, comme de toutes langues de cour, Diane de Poictiers, respirant à l'aise pour ainsi dire, et vivant sans contrainte, ne tarda pas à retrouver, sous l'influence du gentil mois des amours, sa beauté encore printannière. A peine quelques jours ainsi écoulés, disparurent à jamais la tristesse et l'ennui, qui n'avaient cessé de l'accompagner au palais des Tournelles. Alors aussi, revinrent à sa bouche si mignonnette, les mille et une gracieusetés, qui portaient l'enchantement aux sens de quiconque l'entendait, et fesait dire à plus d'un, que Diane n'avait sa pareille, tant parfaite elle était en grâce et gentillesse. Ce pourquoi, qui la voyait d'humeur si belle et si joliette, pouvait-il bien répéter après le roi François premier, quand ivre d'amour, il disait à l'adresse de sa Diane :

— Foi de gentilhomme! Diana ma mie, êtes de vrai, la plus avenante en beauté d'esprit comme en vénusté de corps, que je sache en mon royaume!

Après les premiers jours, passés exclusivement en compagnie de sa toute jeune et belle maîtresse, envie prit au roi François Ier de faire tourner à profit son séjour à Folembray, en soumettant à inspection d'œil de maître, les châteaux qui lui appartenaient dans le voisinage. Mais besoin est de dire à sa louange, que malgré ces excursions, il était rare que la journée s'écoulât, sans que Diane ne le retrouvât à son coucher, plus passionné qu'à son départ.

Ainsi visita-t-il très en bref, son manoir de Cramailles, qu'il habita à diverses reprises, comme le constatent des édits et des ordonnances datés de ce séjour, distant de Folembray d'une demi-journée de marche forcée au plus;

Le château de plaisance de Villers-Cotterêts, qu'il s'étudia pour le plaisir de la chasse, ainsi que le dit messire Bergeron, « à faire racouster, rebâtir et accommoder; »

Le castel de Marchais, sis tout près de la Villette de Liesse au joyeux pélerinage;

Son beau château de Coucy, d'où monté au faîte de la tour gigantale des Enguerrand, il avisait sa gente maîtresse, aussi montée sur le donjon de Folembray et répondant à ses signaux d'amour;

Enfin, le majestueux château de Pierrefonts, dont le bel état l'émerveillait si fort, qu'il en fit tirer le plan, pour en orner la galerie des cerfs à Fontainebleau.

Le roi, durant son séjour à Folembray, fréquenta souvent encore un château du voisinage, celui d'Anizy, dont le cardinal de Bourbon, son parent, avait accoutumé d'en faire sa résidence pendant la belle saison. Là, François premier qui savait au besoin, faire marcher de front l'amour et la politique, s'entretenait longuement avec le cardinal des affaires de l'État. Tantôt, il soumettait à son docte savoir, de graves questions à résoudre; tantôt il demandait à son expérience, des conseils, que son autorité faisait prévaloir en la gestion du gouvernement.

Ce pourquoi donc, par un beau jour de mai, bien au-delà de l'heure de midi, et après promesse faite à sa Diane de devancer près d'elle la soirée à venir, François premier se décida à aller consulter le cardinal, à propos d'une affaire importante, qui, le matin même, lui avait été communiquée par son chancelier Duprat, avec instance de lui en faire passer la solution dans le plus bref délai.

Hardy com vn paige.
Dicton.

Seulette suis, pour moi de pleurs repaistre.
Christine de Pisan.

LE PETIT PAGE ALIX.

La nuit commençait à envelopper de ses voiles ténébreux et châtel et bois de Folembray, et Diane de Poictiers, impatiente comme une jeune fille arrivée la première à un rendez-vous d'amour, attendait toujours son royal amant qui ne se rendait assez tôt à ses désirs. Ainsi passèrent une heure, deux heures et plus d'attente anxieuse. La lune brillait déjà de son plein disque, argentant les bois de son amoureuse et mélancolique lumière, et le premier gentilhomme du royaume, François Ier, n'était pas encore reparu au châtel. Lors Diane, sachant bien par expérience, qu'il n'avait pas encore prolongé ses absences loin d'elle, jusque devers et plus la nuit close, commença à craindre de ne le voir pas revenir avant le lendemain. Puis, ne se faisant faute de prendre en inquiétude sa non arrivée, elle se prit à penser qu'il pourrait s'être égaré par les bois, et sur telle idée, elle s'attrista bien fort et larmoya d'autant.

Quand tout soudain, voici accourir beau varlet, revêtant livrée rouge aux ordres du cardinal de Bourbon, et porteur d'un parchemin à l'adresse de Diane. C'était une épître du roi François Ier, portant en teneur : « que pour cause d'affaires importantes concernant le royaume, il ne pourrait de sitôt rattourner près de sa Diana chérie ; ce pour quoi la priait-il, voire la ressupliait-il au nom de l'amour qui les ardait conjointement, de bien vouloir ne prendre pas en souci ne rancune la sienne absence d'elle, jà trop longue à son gré... Ains de lui conserver pures et intactes, les siennes pensées de la nuit à venir, se disant comme de coutume, son frère d'amour et d'amitié ; pour ce donc, lui baisant et rebaisant en idée et pieds, et mains, et bouche ».

Malgré le courtois bonsoir que lui adressait son amant, Diane néanmoins, ne se résigna qu'avec peine, à ne le voir pas arriver avant le lendemain matin. L'heure du coucher étant plus que sonnée, elle se retira triste et solitaire en son appartement de nuit, et appela le sommeil à son secours, pour lui faire tenir en bref, le temps qu'elle avait encore à passer loin de son bien-aimé. Las ! l'insomnie seule vint la tourmenter la nuit, et lui laisser compter une à une les heures qui s'échappaient de l'horloge du châtel et qui lui apparaissaient si lentes à se succéder. A son idée, les minutes ne marchaient plus vite en leur course, que des moines défilant processionnellement à la mi-nuit, d'un pas grave et solennel, aux cloîtres d'un moûtier. Aussi, trouvait-elle le temps long, long au possible, la pauvrette, à ne voir pas l'aube venir !

A la fin, prima ce lendemain tant et si fort désiré. Aux premières lueurs de l'aube, Diane était déjà sur pied, s'attifant à la hâte, pour être plus tôt prête à se porter au-devant du Roi. Afin de lui faire meilleur accueil, elle s'atoura de la façon qu'elle savait lui plaire d'avantage. Ainsi, après avoir revêtu une cotte de satin blanc, aux manches bouffantes et resserrées à l'aide de cordelettes au-dessus des poignets et de la saignée, enrichie en outre d'un beau collet de malines délicatement brodé et rabattant sur ses épaules dégagées, elle passa par-dessus, un bel et simple surtout de velours azuré ouvert par-devant, et laissant voir en entier sa jupe de satin, à l'exception de la ceinture retenue par une riche agrafe, véritable miracle d'orfévrerie. Ses beaux cheveux, tout aussi noirs que du jais, séparés sur son front en deux bandeaux lisses, venaient mourir à partir des tempes, jusqu'à la naissance du cou, en boucles étagées, tandis que de longues tresses natées s'arrondissaient en forme de couronne sur le sommet de sa tête, d'où retombait un voile de gaze ondulant au caprice de ses gestes et mouvemens. Une seule perle, remarquable par sa blancheur et sa pureté, retenue par une chaînette d'argent, ornait son beau front; et à son cou brillait un collier aussi d'argent, d'où s'échappait une petite croix grecque diamantée retombant sur sa gorge-

Le soleil se faisait à peine pressentir à l'Orient par des nuages diversement barriolés, avant-coureurs de son apparition, qu'en cet habillement matinal si plein de simplicité et de coquetterie à la fois, Diane de Poictiers se promenait tout en devisant avec son petit page Alix, dans la direction d'Anizy-le-Château, en espoir de rencontrer son beau chevalier au détour d'une avenue.

On était au temps si joliet du renouveau. Le Ciel bleuissait à la couleur des jouvenceaux amoureux. Air frais du matin ventait par la feuillée. Le rossignol, ce gentil chantre des bois, faisait entendre ses gammes tant suaves d'harmonie. La palombe, l'oiseau des amours, laissait ouïr son roucoulement qui trouve un écho dans l'âme de quiconque sait aimer. Le pinson, toujours preste et joyeux, vif et léger, voltigeait d'arbre en arbre, sautillait de branche en branche, sans-cesse ayant au bec son guilleri d'habitude. La fauvette à la gentille huppe, venait becqueter les feuilles d'arbres toutes perlées de gouttelettes de rosée. N'était enfin d'oiselet par les bois, qui ne gazouillât à la vue du soleil montant vite à l'horizon, et commençant à darder ses rayons à travers les cimes des arbres les plus haut élancés. Puis, on entendait bourdonner l'abeille aux ailes d'or, allant butiner son miel de fleurs en fleurs; puis encore au lointain, le bramement de la biche perçant les fourrés et courant se désaltérer à la source voisine..... Vrai! il y avait là spectacle à colorer idées noires, de teintes rosées, et néan-

moins ne pouvait-il rasseréner celles de Diane,
lesquelles s'assombrissaient d'autant. C'est que son
soleil à elle, son dieu d'amour, la pensée de tous
ses jours, le rêve de toutes ses nuits, François Ier,
était trop long à se rendre à son attente. Ce pourquoi, rêveuse et dolente de l'absence de son roi,
elle s'en fut sous les allées couvertes de la forêt,
faisant choix par préférence, de lieux tristes et sombres, comme plus que tous autres, en rapport avec
ses idées, non moins tristes, non moins sombres.

Après s'être assise sur l'herbe au pied d'un vieux
chêne, Diane, en intention de tromper son amoureuse impatience, porta la main à son aumô-
nière et en ramena ses *Heures.* Ainsi appelait-
elle certain livret, tout brillant de gemmes avec
son chiffre en marguerites précieuses, qu'agrafaient
des fermoirs de pur or, ciselés à ravir. Sur le vélin
de ce livret, étaient relatées les poésies du sieur
Mellin de Saint-Gelais, son meilleur ami après le
roi François Ier, disait-elle. Mais las! à peine un
rondel lu, insoucieuse, elle laissa tomber languissamment son regard à l'encontre des vignettes de
frontispices et fleurons de majuscules, dont les ru-
bricateurs avaient mignonnement enjolivé chaque
page; ou bien encore, elle se prit à suivre du doigt,
avec une naïveté d'enfant, de folâtres arabesques

enluminées, vagabondant par les marges ; puis, l'ennui, venant incessamment la prendre, le livre lui échappa des mains. « Elle ne trouvait, pensait-elle, duisance aucune à lire si gentils *oremus* en l'absence de son chapelain d'amour, le roi. »

De tristesse à lamentation, il n'y a très souvente-fois qu'un pas : c'est une vérité reconnue depuis long-temps. Aussi bien, Diane le franchit-elle tout d'un saut, et reprenant en souci la non apparition de son féal amé, elle se mit encore à se contris-ter.

Ce que voyant :

—Gracieuse dame et maîtresse, lui dit naïve-ment Alix, son bel et gentil page de seize ans, rien ne me soucie tant au monde, que de vous aviser ainsi triste et plorante, vous affie. Dites à moi, vous en conjure, serait-ce que le votre petit servi-teur n'aurait pouvoir de vous solacier un tantinet... Hein?

Et la voyant larmoyer de plus belle à telle question, se prit mêmement à pleurer le petit page, comme un vrai enfantelet qu'il était. Puis, genou en terre, les mains jointes, tout semblable à un coupable impétrant grâce, les yeux piteusement attachés sur sa belle maîtresse, il attendit ainsi ré-ponse de sa jolie bouche.

— Petit, de ton bon vouloir te mercie, et t'en sais gré, fit Diane en sanglotant; mais las! hélas! quelle chose ce présentement, pourrait bailler le change aux miennes idées tant noires et sombres, sinon apparition soudaine du roi... dis? Adonc, me laisse par ton retrait, y cogiter sans distraction aucune, mon gentil page; te déambule ci-proche, et te garde de toi faire trop distant de moi, à celle fin qu'à mon premier appel tu sois prêt à faire réponse.

— Votre veuil, belle maîtresse, est ordre pour moi, dit Alix se relevant; adonc qu'il soit fait à votre duisance!

Puis sur ce, il s'en fut triste et rêveur aux alentours, non sans détourner plus d'une fois, chemin faisant, sa jolie tête blondelette pour reporter sa vue vers sa gracieuse dame. Vraiment! qui n'affirmerait de bon cœur, par les joies du paradis, que n'aurait pas agi d'autre façon, un jouvencel amoureux, après le baiser d'adieu baillé à sa bien-aimée, la quittant pour un long intervalle, et ne voulant perdre occasion de la voir encore, jusqu'au dernier moment où elle serait visible pour lui?

Seulette et sans témoin qui la gênât en rien, Diane, un long-tems durant, donna un libre cours à ses pleurs, lesquelles portèrent allégeance à ses soucis. Ayant ainsi le cœur dégrévé des gros soupirs qui le suffoquaient, elle se sentit un poids de moins sur la poitrine. Sur ce, venant à penser que chansonnette si triste soit-elle, toujours soulage les peines du cœur, lors, elle fit choix d'un lai plaintif d'accord avec ses idées, rafermit sa voix et gazouilla celui-ci, versifié par messire Jehan Froissart le poétiseur.

> Reviens, amy; trop longue est ta demeure :
> Elle me fait avoir peine et doulour.
> Mon esprit te demande à toute heure;
> Reviens, amy; trop longue est ta demeure.

> Car il n'est nul, fors toi, qui me sequerre,
> Ne secourra, jusques à ton retour.
> Reviens, amy; trop longue est ta demeure;
> Elle me fait avoir peine et doulour.

Après avoir mis trève à son chant, Diane songea que le temps, à attendre le roi, lui paraîtrait beaucoup moins long encore, en l'employant en amusemens et causeries avec son page, au lieu de le consumer en larmes et gémissemens comme par le passé. Or donc, avisant son petit page Alix, lequel plutôt que d'enfantiler, comme il sied à jouvencel de son âge, était sis non loin d'elle, la tête entre

les mains, à la guise de quelqu'un qui roule des pensées graves en son cerveau, ou croit ouïr encore
une voix séraphique qui l'a ravi, bien qu'elle ait mis
fin à ses chants :

— Beau page, mon ami, appela-t-elle de sa voix
douce?

— Que plait-il de moi, à ma belle dame et maîtresse,
répondit la voix enfantine du page, comparaissant
tôt, et faisant gentille révérence?

— Ai commandement à te licencier, mon damoi-
selet.

— Gente dame, savez qu'après le porter de vos
couleurs, ne ressens liesse aussi grande que de recevoir ordres issus de votre bouche : or sus,
ordonnancez en toute sûreté ce qu'il vous duira, à
toujours me trouverez prêt à le parfaire; voire, fut-
ce ma vie à vous bailler....

— C'est à savoir petit galantin, dit Diane en lui
passant la main sur ses joues fraîches, en signe d'a-
mitié, de faire bonne et grosse cueillette de toutes
ces fleurs printannières, répandues à l'entour de
nous, à cette fin d'en composer guirlandes et couronnes... fais!

Tout aussitôt, mettant un genou en terre, Alix
baisa vitement la main blanche, que lui tendait
Diane, comme s'il nourrissait la crainte qu'elle ne

la retirât ; puis ce fait, dit en manière d'équivoque
en lui jetant un regard lutin :

— Que ça ?

Et ajouta tout aussitôt :

— Bah ! il ne châille ! tant minime que soit la
votre requête, que votre volonté soit !...

Et de suite, preste comme un écureuil, il se mit
à moissonner les fleurettes d'alentour, et ne se fit
lent à rapporter par poignées, sur les genoux et aux
pieds de sa maîtresse, des pervenches et des primevères en compagnie de muguets, de mauves et de
violettes.

— Ores, fit-il avec air malignement espiègle,
belle et gracieuse dame, savez qu'il n'est service rendu qui ne mérite guerdon ; adonc en ai un
à impétrer de votre générosité. Ains, devant que
de l'octroyer à votre petit serviteur, retenez avant
toutes choses, que la mienne plus douce rémunération en vous servant, est la délectation que trouve
à le parfaire ; ce pourquoi le votre honneur ne sau-
rait-il être engagé à satisfaire à ma pétition, non
plus être diffamé à ce propos, pour ce que n'est-il
personne au monde, qui plus que moi, lui porte révérence.

Endà ! dis pour voir, mon petit page : que s'il
est en mon pouvoir, de te l'octroyer sans porter

11

nuisance à qui que ce soit, par ma patronne Diana la chasseresse, le parferai de bon cœur, adonc parle....

— Ne me rancunerez aussi, la demande faite?

— Dis vite et sans contrainte, t'en baille l'assurance.

— Or donc, gentille dame ma maîtresse, puisqu'à ce, m'engagent et votre bouche et votre regard, faites état que baiser cueilli dessus les votres lèvres, m'agréerait au très mieux et plus que tout au monde.... Ça, vous plait-il pour mon loyer bailler requête à icelle petition?

Et ce disant, comme effrayé de sa demande, vint le fripon se blottir aux pieds de Diane, tout aussi lestement que ferait un jeune faon, accourant sus à sa mère à l'ouïr d'un cor de chasse.

— Enfant! fit Diane à son page; et tu parles sans feintise ne raillerie, demanda-t-elle?

— Foi de page, belle maîtresse, vous l'affie par un bien gros oui!

— Lors, ainsi soit ensuivant ton désir, reprit Diane de Poictiers, t'en octroie le permis.

Tout aussitôt, Alix ne se faisant redire, s'élança leste aux lèvres de sa jeune maîtresse, avec l'impétuosité d'un chat, sautant sur un souriceau, récompense de longues heures de guette; et le voilà hardi comme un page, ne prenant pas un baiser, mais les volant par dixaines.... le petit larron. A quoi s'exclamait Diane ayant grand' peine à s'en débarrasser.

— Qu'est-ce?.. eh bien! petit drôle... avez-vous perdu la tête?... Par Saint-Guy et sa danse! seriez-vous d'aventure devenu fol de cerveau? En le cas, holà! un mirre versé en son art, pour guérir mon page, vu que j'estime le fait de la compétence de Me Agrippa; sinon apportez-moi le bonnet à grelots de Triboulet, qu'en coiffe le chef d'Alix fait de puis peu son corrival en folie... — Savez-vous bien ce que venez de faire messire... hein?

Mais lui, vaurien en diable, d'aise rougissait tellement, que des larmes lui roulaient dans les yeux, et pour ne les faire voir pas, célait son visage dans les genoux de sa maîtresse. Diane avait beau vouloir relever de toute la force de ses deux mains la tête blondelette de son page, elle n'y pouvait mais. Au rebours, c'était occasion nouvelle pour Alix de baiser et rebaiser ses mains, tout aussi douces et blanches que le satin de sa jupe.

— Trève donc... Or sus! assez, messire Alix! exclamait Diane de Poictiers, les joues enflammées de pourpre et le feu dans les yeux, sur un ton qu'elle n'avait pouvoir de rendre sévère, malgré

que feignant d'en nourrir le bon vouloir. Foin !
le page, hutin au possible, n'avait oreille à entendre
de ce côté, et ne sachant comment agir pour être
gracié de son audace, pensa ne pouvoir trouver
un meilleur moyen, que de couvrir de plus belle,
les mains de sa dame, de baisers impétueux. Diane,
de son côté, en était à n'avoir plus suffisamment
de force pour commander, encore moins pour se
lever, si bien que la fin de la partie n'eut peut-être
pas été à son honneur, si le bruit des pas d'un pa-
lefroi galopant au lointain, ne fut arrivé à leurs
oreilles et imposer trève aux ébattemens amoureux
du petit page Alix. Lors, tournant tout soudain leurs
regards, vers le côté d'où provenait le bruit, Diane
et son page, avisèrent à l'extrémité de l'avenue en
laquelle ils se trouvaient, un bel et grand cavalier
accourant vers eux à bride avalée, et menant à sa
suite un gros nuage de poussière. Chaque minute
le rapprochait de plus en plus de Diane de Poictiers ;
elle pouvait déjà distinguer son capel empanaché,
les crévées de satin mi-bleu, mi-blanc de son pourpoint, l'écharpe de même couleur lui tenant lieu
de baudrier, pour soutenir sa noble épée, enfin sa
barbe noire taillée en pointe.... Il n'y avait plus de
doutes à bâtir, plus de conjectures à faire, c'était
le roi François Ier.

Quand je regart son doux viaire clerc
Et son gent cors de bel ausmement,
Mes yeux n'en puis partir n'amesurer.

.   .   .   .

.   .   .   .

Douce dame, quant vous me regardez,
Plus suis riche que d'or ne que d'argent.

Thierry, comte de Soissons.

Hardiment gente damoyselle
N'ayez point de vergogne honte.

Mystère de la passion.

... Fut un jour qu'elle lui dit....
De paroles vous ai mené, mains dis;
Or est l'amour connue et éprouvée,
Dorénavant serai à vos devis.

Cosne de Bethune.

§ — IV.

LE CHÊNE D'AMOUREUSE MERCI.

— Le roi !... s'écria Diane avec un air joyeux
qu'elle avait peine à contenir, dès qu'elle se fut
bien assurée que ses yeux ne l'avaient pas trompée.
Se rasseyant aussitôt, elle passa bien vite un voile
sur ses yeux, afin que François Ier ne se douta pas
des larmes, que son absence lui avait fait verser.

—A toi, bon jour et bonne étrenne, ma Diana bien-aimée, s'exclama le roi du plus loin qu'il put la reconnaître, tirant droit vers elle et ajoutant sus : ne pouvais mieux expecter de toi, amie chère, et t'avais devinée n'en ai doutance, car ne m'est onc arrivé de galoper si roide sans reprendre haleine.

Et ce disant, leste à mettre pied à terre, il remit aux mains du page de Diane, les rênes de son destrier, qui soufflait des naseaux, écumait de la bouche et fumait du corps. Puis il ajouta :

—Alix, mon petit, t'en va sus à l'écart, en tenant en laisse cettui coursier et lui permettant de brouter à souhait feuillage de bois tendre; après course comme celle-ci doit-il en ressentir le besoin.

—Tout autant que moi, de vous mirer après si longue demeurée loin de vous, fit-il amoureusement en se tournant vers Diane. Ores, ma toute belle, venez-ci que vous baille vîtement le baiser de bien-venue. Vrai Dieu d'amour! moult me tarde de le faire, et réparer près de votre personne, temps passé loin d'elle.

—Beau sire, reprit Diane de Poictiers, au nom de mon cœur, vous mercie et regracie mienne bouche; mais dites-moi, maugré long délai passé non près de moi, avez donc encore conservé brin d'amour pour la votre Diane, fit-elle avec mignardise?

—Par vos couleurs qui sont miennes aussi, me faites-là question très bien-fallotte, interjecta François Ier; si vous aime encore, me demandez? A preuve du non contraire, sus et sus une accolade en bon an, bonne étrenne : avicinez vîte cette joue fraîche du tout envermillonnée, que la baise et rebaise....

—Faites donc, mon doux seigneur, à ce ne forme opposition; ains ayez en garde que ne vous rende la pareille.

—Et l'autre joue, demanda le roi !

—La voici.

—Et celle-là?..

—Jà l'avez baisée, mon gentil sire, répondit Diane avec un sourire malicieux sur les lèvres.

—Jà!.. s'écria le roi en jouant l'étonné. Pourquoi aussi les baisemens, tollis dessus vos joues, sont-ils épices et sucreries si très-fort friandes, que ne me sens onc las d'y goûter? Or sus, ma belle, venez vous seoir, ci-près de moi, que devisions à notre aise.

Et entraînant doucement sa maîtresse par le bras, le roi lui fit prendre à sa gauche la même place qu'elle occupait avant sa venue.

—Ça, ma bien-aimée, ajouta-t-il, n'ayons souci que du temps présent; pour ce, le consumons joyeusement en caresses, baisers, propos d'amour, et bien aimons-nous maintenant comme à l'avenir, est-ce pas?..

Ainsi réunis, ils s'entreregardèrent le temps de chanter une strophe de ballade d'amour, sans pouvoir échanger une seule parole. Ils avaient tant et tant de choses à se conter depuis qu'ils ne s'étaient vus, qu'ils ne savaient par quel chapître débuter.

François Ier rompit enfin le silence.

—Ange de ma vie, dit-il, en prenant d'une main, les deux mains blanches de sa Diane, et de son bras libre, enlaçant son duisant corsage, fais-toi de moi plus proche encore, encore... jusque sur le mien cœur, c'est place à toi seule réservée et seule aussi condigne de toi.—Fleur d'amour! que j'aime à me mirer en ces beaux yeux bleus, plus brillans qu'étoile de Vénus, vrais miroirs d'amour reflétant les couleurs du Paradis, aussi promettant ses délectations béatifiques!.. Qu'il m'est doux d'aspirer ton souffle plus embaumé que senteur d'oranger. Oh! parle-moi d'amour, ma bien-aimée, que j'entende de plus près ta voix, plus suave à mon oreille, que gazouillage d'oiselet.

Et ce disant, il l'étreignait amoureusement en la pressant contre son cœur et la fascinait de son regard passionné. A ce ouïr, un pudique incarnat vint tout soudain envermillonner les joues de Diane de Poictiers; puis, après un moment de silence, elle répondit ainsi au roi :

—Beau sir, ce que venez de me débiter là, est fleur de galanterie et m'est à l'oreille chose douce vous affie; mais las! me mélancolise outre mesure.

—Par vos charmes! reprit François premier, ce que me dégoisez là à votre tour, porte étonnement en mon âme, ma mie, et foi de gentilhomme énamouré! n'en comprends le pourquoi. Vous plait-il de m'en démontrer la cause?.. Ains aussi prenez garde, le jure par ma salamandre! que si mentez par votre bouchelette tant jolie, aurez amende à solder à mon gré.

—Ainsi soit! répliqua Diane en rougissant de plus belle, c'est que nourris idée que ne ressentez pas de véritable amour pour les femmes; que leur contez fleurettes, les primes venues à vos lèvres; qu'enfin pour en clore, leur débitez complimens qui départent de tête, sans pour ce, avoir passé par votre cœur, est-ce vraie vérité?

—Moi désaimer les femmes, Diana, s'exclama le roi, assez surpris d'un pareil reproche dans la bouche de sa maîtresse! n'avez-vous vergogne de blasphémer ainsi par vos gentes lèvres rosées comme églantines. Vous prie de croire qu'il n'en est rien de ce que avancez, ains tout au rebours de ce que cogitez dà! Foi de gentilhomme! ma tendrette, cuidez à outrance que tiens vous et les vôtres, pour anges d'amour descendus du ciel ès la terre, à cette seule fin de bien-heurer notre vie en cettui monde sublunaire tant misérable de soi. Par ainsi quand venons à plorer et nous guermenter, quel assèche nos larmes et fait rentrer soupirs au néant, sinon de gentes dames ainsi qu'êtes Diana?.. Quel rasserène nos idées, si les avons sombres et chagrines?.. Vous encore! Que si enfin logeons marrisson au cœur ou tristesse en l'âme, qui donc nous fait cheoir en l'oreille, de ces gentils petits mots, qui boutent tout soudain joie au cœur et liesse en l'âme?.. Ça arrépondez ma mie, parlez Diana ma mignonne!.. Et à votre dire ne me sentirai d'amour pour les femmes! Par les saints commandemens de Cythère! faudrait ne se dire pas gentilhomme, non plus sentir un cœur battre en sa poitrine, et ainsi ne m'annonce dà!

—Lors voilà donc, eu égard à toutes ces qualités énumérées ci, lardonna Diane, en souriant d'avoir attiré le roi dans le piège qu'elle lui tendait, le motif qui vous a incité à vous énamourer de ne sais quantes femmes et à les reléguer trétoutes en votre désouvenance.. Hein?

—Nenni ma Diana, n'avoue en avoir onc aimé de vrai amour qu'une seule en ma vie.

—Me bien garderai de vous demander laquelle est-ce? Moi présente, la courtoisie vous mettrait vîtement réponse en bouche. Ains aussi, mentiez donc par votre langue, quand vous disiez à damoiselle Anne de Boleyn que l'aimiez à n'en aimer onc d'autre. Ce que me débitiez, il se fait un tout petit temps, sur ton si énamouré, peut-être bien l'a-t-elle ouï mêmement : de cela il y a quelques années, acheva Diane avec un gros soupir qu'elle ne put réprimer.

—Ma tendrette, pourquoi le cogiter, quand savez qu'il n'est que vous au monde, pour qui je arde d'un vrai feu allumé par main du Dieu Cupido.

—En ce moment-ci, peut-être bien... Mais encore en avez conté tout autant à madame de Nouvion, laquelle pardurant la votre absence, faisait flamber maints et maints cierges à l'autel de la vierge, en intention de vous faire diligenter en votre retourner près d'elle.

—Il ne me chaille de ce que faisait ou ne parfaisait pas dame de Nouvion, moi absent d'elle ; toujours est-il, qu'il n'est que vous, pour qui je ressente amour m'affoler le cœur.

Déà ! que si par cas fortuit vous oyait tenir tel

langage, que penserait et dirait à l'endroit de votre majesté, madame de Roche-Guyon, laquelle en intention mêmement de faire hâter votre retour, ne passait aucun vendredi sans jeûner bien dévotieusement?

—De vrai! dites moi, ma brunette vous prie, en quel carquois puisez les flèches que tirez à blanc sur moi?.. non carquois de Cupido, j'en ai avis. Aussi bien trève et merci de tous ces souvenirs, Diana! Pourquoi me les recorder quand ils sont jà effacés de ma mémoire?

—Il me semble mon gentil foi de gentilhomme, qu'à ce jourd'hui vous péchez bien par remembrance... hein? Adonc ne vous parlerai-je point ou peu de mademoiselle de Langis, laquelle se cloîtra et endossa guimpe et voile de nonain, pour ce que négligiez le culte que lui aviez voué. Non plus sonnerai mot, de la petite bourgeoise du Pont-au-Change, que visitiez nuitamment par froidure d'hiver; ne aussi....

—Assez! trève de ces durs propos, Diane, se récria François Ier en essayant de clore, à l'aide de sa main, la bouche de sa maîtresse, pour ainsi la condamner au silence. Ce sont peccadilles que je laisse enfouies dans le passé... Au demeurant, pourquoi me vitupérer d'avoir eu en amour inconstance de papillon, quand encore ne vous connaissais....

Ores, besoin est-il, de souder par un gros baiser, ma bouche à la vôtre, pour mettre fin à tous ces propos?... ce sera pour moi pénitence délectable, vous affie.

Et sans attendre la réponse de sa belle maîtresse, le roi, qui n'attendait qu'une occasion pour lui fournir des preuves de son amour, saisit avec avidité celle que lui offrait le hazard, en couvrant de baisers passionnés, et ses lèvres mignonnes, et ses mains blanchettes, et ses doigts effilés tout chargés de précieux annelets.

Néanmoins, les témoignages de tendresse qu'il ne cessait de lui prodiguer, ne la tranquillisaient pas encore sur l'avenir. Malgré sa jeune expérience, Diane savait qu'on ne devait pas toujours compter sur l'inviolabilité d'un serment d'amour, et les nombreuses inconstances de François Ier n'étaient pas de nature à faire évanouir les pressentimens qui assiégeaient son esprit. Sa crainte, était de se voir un jour traitée par lui, avec autant d'indifférence, qu'il avait agi à l'égard de tant de dames, qui avaient eu la faiblesse d'ajouter foi à ses propos d'amour et de s'abandonner à sa merci : cette idée n'avait pas peu contribué à lui procurer cette maladie de langueur, qui avait si gravement compromis sa santé, pendant les premiers jours de sa vie intime avec François Ier. Jusqu'alors, elle s'était sentie trop craintive pour lui demander des garanties d'un amour qu'elle appréhendait devoir être passager ; mais à la fin, elle s'arma de courage, et résolut de ne pas ajourner d'avantage son envie d'éclaircir ses doutes sur ce point. Revenant donc au sujet de conversation, qu'elle avait eu l'adresse d'amener, elle reprit d'une voix émue :

—Cependant, sire, ne dois-je pas enfouir en omission, moi, qu'un temps fut où portiez les couleurs de madame de Château-Briant, qu'étaient roses et blanches; et les miennes, sont la moitié des siennes, mi-parties bleu et blanc; mêmement les portez.... Sainte-Vierge! sera-t-il dit que ferez de moi tout autant que d'icelle, qu'adviendra un jour où m'aurez perdu de remembrance.... Oh! non est-ce pas?

—Non-dà! ma brunette, ainsi n'en sera onc, répliqua François premier, pour ce que ne ressens plus délectable jouissance que d'être seul à seule avec toi. Par ma salamandre d'argent! me tiens donc à toujours pour ton vassal à merci, ton serf en toute foi et hommage, et qu'à l'avenir ta bouche ne soit assez dure et cruelle pour ne m'affoler plus le cœur, en recordant souvenirs qui me sonnent mal à l'oreille.

— Voirement! à vous sied bien de bailler reproches et vitupérations, quand n'avez eu vergogne aucune, de me chagriner et contrister, reprit Diane.

— Ma mignonnette, que si vous ai rendue chagrine et luctueuse un petit à contre-escient, de ne plus réitérer désormais, le roi vous fait serment. Ça, puis-je aumoins en connaître le motif?

— Las! ne vous êtes-vous pas aperçu à votre arrivée, que mes yeux ont, pour le fait de votre absence, larmoyé toute la nuit, sans parler de ce matin même encore...

— Lors belle, puisqu'à votre dire, chez vous était si véhément le désir de me revoir, pourquoi donc m'accueillir avec tant de froideur et non comme autrefois avec le sourire sur les lèvres, ou le baiser sur la bouche. N'es-tu pas toujours mienne de foi et d'amour, Diana?...

— Ne voyez-vous pas, beau sire, qu'ainsi agissant et parlant, moi aussi faisais de la politique : n'en avez eu aucun soupçon, il m'appert. Mon but, le voyez-ci. Voulais-je en réveillant des souvenirs que me disiez éteints en votre cœur, éprouver l'amour que m'aviez juré, en crainte que ne m'aimiez qu'un petit. Ores que le dénouement tire à sa fin, estimez-vous qu'ai bien joué mon rolet?

12

— Fine bague, trop bien au naturel, pour Dieu !

— Ains aussi, onc ne vous écherra de me reléguer en l'oubli de votre mémoire. Ce pourquoi,
dites ça, que toutes et quantes fois aviserez icelles
dames et damoiselles, dont ne veux plus redire les
noms, jouerez le semblant de les déconnaître toutes
tant qu'elles sont, et qu'aurez yeux d'aveugle, pour
les œillades qu'elles décocheront à votre adresse.

— Pour ce, est-ce chose superflue, Diana. Ne
sais-tu pas que l'amour, que je ressens à l'endroit
de ta gente personne, est pour moi morion tant bien
trempé, que flèches de Cupido départant de mains
autres que des tiennes, ne feraient qu'effleurer sans
laisser aucune trace après elle ?

— Endà ! endà ! bien me le dites ; ains quelle
créance ajouter à la votre parole ? Emmi grandes
dames de cour, il en est de tant facile accointance ;
de si idoines à bouter mal désir au corps, qu'un
jour viendra où me délaisserez peut-être pour elles...
en ai bien grande peur...

Et à de telles pensées, Diane laissa tomber languissamment sa belle tête dans ses deux mains, et
ne pouvant plus long-temps retenir les sanglots
qui ne demandaient qu'à éclater, elle se prit alors
à pleurer.

Ce que voyant, François premier se prit à la

couvrir de baisers et de caresses, et s'efforça de la
rassurer par sa courtoise galanterie et ses paroles
pleines d'amour, lui disant :

— Sus et sus, ma mie, forbannissez telles crain-
tes de votre cœur; ce sont chimères enfantées par
nuit d'insomnie, que soleil de ce jourd'hui doit faire
évanouir à toujours. Ce pour quoi, par vos riantes
couleurs qui signifient liesse et plaisir, asséchez vîte
ces beaux yeux, et faites qu'ils ne pleurent plus ne
maintenaut ne jamais.

— Las! hélas! reprit Diane toujours craintive
sur ce point, quand on viendra à savoir que suis la
votre amie de cœur, au détriment de dame Claude
de France, votre royale épousée, quels brocards ne
seront pas décochés à mon adresse! De moi, quel
diffame ne sera pas dit et répété! D'aucuns trouve-
ront profit à ce faire. Dès l'abord y préterez l'o-
reille, sans les cuider en rien; puis à force de redites
y ajouterez fiance quelque peu; et par ainsi, se ré-
froidira petit à petit, l'amour que jurez ressentir
tant chaud à l'endroit de ma personne.

— Ce que pensez-là de votre féal ami, m'est
grand affolage pour le cœur jà affolé d'amour, ma
toute belle; ains ce pourtant, que si avez les esprits
travaillés de tel souci, vous en consolez vîtement,
car foi de gentilhomme! ma mie, cil que je saurais

osé à ce point de parler en mal de vous , le paierait
cher, vous affie. Tête et sang ! il ferait connaissance
avec ma dague et ce ne serait à son advantage ,
m'est avis !

—Endà ! mon doux sire, telle parole fait refleu-
rir l'espoir en mon âme. Adonc ne m'abandonnerez
onc aux méchants languards , au rebours me pro-
tégerez envers et contre tous ; vous me le jurez ,
est-ce pas ?..

—Sur ce, prenez pour caution ma parole de gentilhomme ; ores ne veux pour juge de ma conduite
à votre égard , aucun autre que l'avenir.

—Donc sire , fit Diane avec gentillesse, moult
me tarde que m'octroyez pardon. Or sus, que si par
mes propos, vous ai affolé un petit, me mets à votre
merci tout semblablement à un coupable requérant
grâce et pardon....

—Oui-dà ! en ai le bon vouloir, belle et chère,
ains si nourrissez désir que ne pense plus à notre
entretien de tantôt, me guerrissez au plus vîte du
mal d'amour qui me arde le cœur. Vous seule me
pouvez tenir lieu de mirre ; et très mieux que
Me Agrippa, parferez cure de tout valable, en ai à
l'avance la persuasion. Qu'en dites ma mignonne..?

—De vrai ! et à ce, quel moyen employer ?

—Etre pour le moment à l'égard de votre amé

serviteur, tout aussi gente de manières qu'étiez à la maisonnette de Cléry. Vous en souvient-il...?

À ce souvenir, une rougeur honteuse vint tout aussitôt s'épanouir sur les joues naturellement pâles de Diane, et la pudeur lui fit couvrir sa jolie figure de ses deux belles mains blanches, comme d'un chaste voile.

—Oh! que oui, m'en recorde, dit-elle à voix basse, ains aussi ce sera pour demain, demain mon gentil sire, foi de Diana votre chérie!

—Pourquoi pas ce jourd'hui?.. demanda le roi. Serait-ce d'aventure par ressentiment de la peine de ce matin.

—Nenni, mon seigneur, chagrin passé n'est-il pas jà oublié, interrompit vîte Diane? Ains ne savez-vous pas que nous sommes au saint jour de dimanche, et que force m'est de ne pouvoir pas arrépondre « oui » à votre demande, en cettui moment où s'accomplissent à l'église du hameau les sacrosaints mystères de notre religion. Prétez l'oreille un petit... n'oyez-vous pas le chant sacré des hymnes... hein?

—Par vos grâces et mérites, ma mignonne, quand suis jouxte vous, me crois transféré dans le royaume du Dieu Cupido, vous jure, et n'arreconnais-ci dessous la tonnelle que mystères d'amour. Adonc psalmodions, s'il vous duit, d'accord et sur le même ton, entiennes cythéréennes. — Au demeurant, chacun jour que je vous avise, n'est-il pas jour de festivité pour moi, dites?..

—Par la salvation de votre âme! ne tenez tel langage, vous adjure, mon gentil seigneur, si ne soulez être damné pour l'éternité et moi avec vous.

— De Dieu! ma belle, onc ne vous ai vu tant orthodoxe, ensemble si très fort idoine à l'observance des rites catholiques! Voirement vous choisissez bien votre temps pour vous messifier! Ça parlez, vergogne n'entrerait-elle plutôt en votre dévotion?.

—Après tout, cuidez qu'estime encore très mieux Enfer avec ma gente Diana, que Paradis sans elle, tout autant que le monde où ne l'avise est solitude pour moi.

Et sur ce propos, la voulant mignotter amoureusement avec des paroles galantines en bouche, François Iᵉʳ, la pressa contre son cœur, malgré ses tentatives pour se soustraire à tout ébattement cupidonique, par respect pour les saints mystères qui se célébraient non loin d'eux.

Mais le roi, dont la passion s'irritait des obstacles qu'il rencontrait pour la satisfaire, sans prendre en souci, à l'exemple de sa maîtresse, la sainteté du jour où il se trouvait, rapprocha sa tête de celle de

Diane, et ses lèvres venant à rencontrer les siennes,
il se prit à les baiser et rebaiser avec beau zèle et
grande ardeur, nonobstant les belles protestations
et tous les efforts de sa maîtresse pour se garantir
de ses témoignages d'amour. Mais bientôt, grâce à
sa souplesse, elle lui échappa des bras tout comme
une anguille des mains d'un pêcheur, disant :

—Sire, ne faites trophée d'un bien volé ; depuis
quand larron vaut-il honnête homme ? Me croyez :
douceur en amour vaut beaucoup mieux que violence.

—Avez par ma foi ! raison, mon ange, ce n'est
à vinaigre que l'on voit mouche se prendre : ainsi
parle le dicton. Adonc, venez sus et sus à moi de
votre plein gré et bon vouloir, car à toujours et plus
que jamais me sens en véhément appetit de vous
aimer, comme aussi d'en parfournir les preuves.

Mais au lieu de se rendre à ses désirs passionnés,
Diane, se mettant à lutiner devant lui, se prit à aga-
cer son amour par de gracieuses folâtreries, à l'ir-
riter par de gentes mignonneries toutes pleines de
charme. Puis, capricieuse comme une fillette, elle
s'approchait du roi, non tout à fait à la longueur du
bras, et ce, pour lui porter défi par de duisantes
gracieusetés. François Ier faisait-il geste de vouloir
la surprendre ?.. Elle, preste et agile, se retirait bien

vîte au loin, puis revenait encore pour s'en aller
de rechef. Ainsi répétait-elle ce manége avec mille
et une petite mutineries enfantines ; et si légère en
telle course, était Diane, qu'à peine son petit pied
mignon laissait après lui des traces sur le sable.

Parfois brisant sa course sylphide, elle se glis-
sait légèrement derrière un hêtre pour s'y blottir,
croyant ainsi avoir échappé à la vue de son bien-
aimé. Alors, toute semblable à une tourterelle ap-
privoisée et sur le doigt perchée, tendant gentiment
son gracieux cou, pour avoir grain de chennevil,
Diane avançait discrètement la tête afin d'aviser à
son aise le roi, avec des yeux, qui, en dépit d'elle,
décochaient des œillades d'amour.

François premier, ne pouvant un plus long-temps
tenir contre les folâtres agaceries de sa Diane, se
leva subitement pour la poursuivre. Mais elle, aé-
rienne et légère comme damoiselle des champs
pourchassée par gent écolière, allait, venait, courait, volait, se croisant avec le roi, sans se laisser
surprendre et toujours lui échappait quand il se
disait assuré de l'atteindre.

— Ça, pourquoi me tenir ainsi rigueur, clamait-
il à l'adresse de sa folle et rieuse maîtresse ? Foin
de rebellion, et fi de sujette qui s'enfélonne ainsi
aux ordres de son suzerain ! Pourquoi jouer la
cruelle, pour ne céder pas à l'amour qui pareille-

ment te arde, Diane? car tes lèvres ont beau dire non, j'en crois tes yeux, lesquels disent oui.

Et comme il achevait, Diane de guerre lasse, et réduite aux abois, comme biche pourchassée par une meute ardente au courre, se vit enfin atteinte, et ramenée par droit de victoire au pied du vieux chêne où elle était sise tout-à-l'heure. Hors d'haleine, le sein agité par sa course, comme la vague au souffle d'une brise légère, elle retomba sur les genoux de son amant, pantelante comme une palombelle aux serres d'une orfraie.

—Las! beau sire, lui dit-elle, avec un sourire plein d'un malicieux bien-aise et pour trouver une excuse à ses refus de tantôt, êtes à mes yeux vrai braconnier d'amour dà! et m'enlacez en vos passemens d'or et de soie, pis que n'est alouette ès-filets d'oiseleur.

En parlant ainsi, elle passa ses deux bras si blancs, si souples et si purs autour du cou de François Ier, l'entourant à l'étroit comme d'un collier d'amour, et pour prix de sa défaite, lui donna d'elle-même ses lèvres à baiser à discrétion. C'est alors, que besoin ne fut au roi François Ier, de violenter son amoureuse maîtresse pour lui faire dire :

—A ta merci, mon gentil sire, suis-je pas tienne de cœur et d'âme?

. . . .

. . . .

. . . .

. . . .

. . . .

. . . .

. . . .

. . . . .

Et lui, le gentil page Alix, trouva long, oh! bien long sans doute, le temps écoulé, avant que le roi et Diane ne songeassent à retourner au châtel. Il crut que l'air frais qui ventait, lui avait apporté à l'oreille, non plus comme lorsqu'il se promenait seul par les bois, le bruissement des feuilles qu'agite un doux zéphyre, ni le murmure des eaux interrompant le silence de la forêt; mais bien des soupirs amoureux, le clapement harmonieux de baisers interrompus par des mots entrecoupés....

Etait-ce songe ou réalité?

Qu'est-il besoin de le dire!

Toutefois, on ne sait lequel demeura en parfaite discrétion, sur ce qui s'était passé, du roi par jactance ou du page par dépit; toujours est-il, que bien des années encore après que François Ier et sa gente maîtresse Diane de Poictiers—plaise au Très-

Haut, que leurs âmes sommeillent en tranquillité parfaite!—s'en furent été rendre compte à Dieu de leurs actions en ce monde, le vieux chêne, au pied duquel ils avaient goûté conjointement les douceurs du Paradis, était encore appelé,

LE CHÊNE D'AMOUREUSE MERCI.

LA HUTTE DU CHARBONNIER.

Le charbonnier est le maître dans sa hutte.

Proverbe.

1525.

Ce jour là, il y avait grande et belle chasse dans les forêts de Folembray et d'alentour. L'écho des bois, redisait aux échos des monts et des vallées, les airs giboyeux que les cors et les trompes de chasse jetaient au vent, les clameurs des piqueurs et les aboiemens tumultueux des meutes ardentes au courre comme à la curée. Le soleil opérait déjà son coucher, en montrant à travers les cimes des arbres, un disque large et roujoyant à l'œil, comme un incendie vu dans le lointain. Néanmoins, les chasseurs ne songeaient pas encore à mettre un terme au pourchas des cerfs et des sangliers.

Le roi François Ier, moins excité par son ardeur pour la chasse, que par un violent désir de faire hommage d'une hure à sa jeune maîtresse Diane de Poictiers, s'était mis seul sur la voie d'un sanglier aux poils durs et hérissés, au bouttoir allongé et marquant bon nombre d'années, espérant le réduire bientôt à merci. Ainsi n'en fut-il! La bête sauvagine échappa à l'ardeur du roi, grâce à la nuit qui s'abattait sur la forêt et commançait à l'ennuager à n'y voir plus. Emporté naturellement pour tout exercice qui requérait force et adresse, François Ier, n'avait pas remarqué la distance que sa course avait interposée entre lui et les siens. De leur côté, les piqueurs ayant pensé que le roi avait pris les devants, pour regagner le châtel de Folembray, ne prirent aucun souci de sa disparition.

Sur ces entrefaites, le temps qui jusqu'alors avait été doux et serein, changea tout subitement. Le Ciel se revêtit de nuages tempétueux, noirs et gros de pluie. Bientôt, des gouttes d'eau larges et tièdes, d'ordinaire signe précurseur d'un orage en saison d'été, firent entendre leur clapotement en tombant sur les feuilles des arbres. Puis, un éclair brilla à l'horizon, et incontinent fut de près suivi d'un coup de tonnerre qui raisonna au loin.

Le roi, tint à mauvaise en idée, la nuit qu'il allait passer. En effet, les présages ne parlaient pas en sa faveur. Ignorant à quelle fin aboutissaient les voies et les sentiers qui se croisaient à l'entour de lui, il ne savait lequel prendre en crainte de s'égarer davantage; et comment s'orienter par un temps aussi nébuleux! L'orage avait gagné François Ier de vitesse. La pluie paraissait avoir redoublé, à la voir tomber par torrents. Les éclairs jaillissaient et se succédaient rapidement. Le tonnerre grossi et répété par les échos semblait résonner sans interruption. Le vent en s'engouffrant dans les chênes, les faisaient s'entrechoquer avec un mugissement infernal.

En présence d'un pareil spectacle, beau et horrible à la fois, le noble chasseur commença de ressentir la fatigue du jour et le besoin du repos. Il se réfugia à cet effet sous un fourré où la pluie avait peine à pénétrer. Là, peu soucieux du sommeil par une nuit aussi orageuse, il se prit à rêver à sa belle Diane, s'inquiétant fort de ce qu'elle devait penser de son absence, la connaissant si facile à se désespérer en pareille occasion. Alors il se perdait en conjectures. Puis, idée lui étant survenue, qu'elle pourrait tenir en traitrise sa disparition, il sentit souci de s'être avanturé si loin se glisser en son cœur.

Sur quoi, se prenant d'une humeur sans pareille, François Ier, ne faillit à maugréer contre sa male fortune, qui le contraignait à passer la nuit, loin de sa belle maîtresse, et non pas encore à la belle étoile. La pluie, qui ne cessait de tomber, commençait à filtrer jusques à lui, et le ciel depuis long-temps n'était plus qu'un océan de feu tonnigrondant sans trève.

Mais bientôt ne se trouvant plus suffisamment abrité contre l'orage, il tenta alors, les éclairs aidant, à se reconnaître en la forêt. Mais las! il se voyait au milieu d'un dédale de chemins tortueux, de sentiers à peine frayés; puis, chemins et sentiers se déroulaient et se coupaient, se croisaient et serpentaient, tout autant que les allées du Dedalus en son palais des Tournelles, à la différence qu'il ne savait à quelle issue menait un seul de ceux là présents. Et pourtant il ne demandait, au pis aller, qu'à rencontrer seulement une cabine de bucheron ou une hutte de charbonnier.

Ne sachant enfin lequel opter de tant de sentiers réunis en trousseau à ses pieds, François Ier, fit effort pour distinguer au bril des éclairs le plus battu de tous. Après y avoir fait entrer son destrier, il laissa flotter les rênes sur son cou, et prenant confiance en son instinct, il s'y abandonna en aveuglé.

Ainsi faisant, bien agit le roi. A peine quelques pas faits, il crut apercevoir au lointain, à travers les bois, une lumière, non point vacillante et rapide comme un éclair, mais bien fixe et permanente. Or sus, tirant droit vers ce point lumineux, son étoile de bonheur, il ne tarda pas à se trouver en face d'un monticule de bois en feu, qui se carbonnisait lentement, sous de longues plaques de gazon, dont il était recouvert. A la lueur de ce foyer, il distingua non loin delà, une hutte de charbonnier, et aux paroles qu'il crut entendre sortir à travers les fissures, il prévit qu'elle était habitée. En effet, en s'en rapprochant, le roi ouït une voix fraîche de jeune fille qui chantait un pieux noël, en s'accompagnant du bruissement saccadé d'un rouet. Après avoir fait deux ou trois fois le tour de cette agreste habitation, pour en chercher l'entrée, il heurta enfin du pied à la porte qu'il avait plutôt devinée que trouvée.

—Est-ce vous, père...? s'enquit sus et tôt une voix partant de l'intérieur.

—Oui-dà! répondit mendacement le roi, sur un ton de voix qu'il contrefit plus grave que d'habitude.

Sur quoi, la jeune fille ne tenant pas à suspect, le heurt à la porte, s'en vint joyeusement l'ouvrir aussitôt.

Biche prise au gîte par un chasseur, n'eut point paru plus effrayée que la fillette de la hutte, en voyant devant soi tout autre que son père. Une sainte exclamation échappée de sa bouche, et une pudique rougeur répandue sur son visage, témoignèrent assez hautement de la peur qu'elle ressentait, de se voir ainsi seule à seul, et de nuit, avec un chasseur qu'elle ne connaissait aucunement.

—Eh! quoi! garsette, s'exclama le roi, est-ce à dire qu'ai le semblant du grand chasseur sauvage, dont il est parlé ès-cantiques de nos pères, pour inspirer ainsi terreur à mon apparition... hein? Ruezbas, s'il vous duit, tout ce gros effroi, et ne songeons qu'à moyenner la paix. Ventre-de-biche! pour peu que m'arregardiez de plus près, ma petite, verriez que je ne suis qu'un piqueur du roi, trempé comme une soupe, ayant plutôt besoin d'un feu flambant, pour assécher sa vestiture, et d'un

souper si chétif qu'il soit, pour satisfaire son estomac qui bat la chamade, que de rester à l'orée de
la hutte, se morfondant à quémander un gîte.

Et comme ainsi parlant, le roi, qui s'était déjà
débarrassé de son modeste accoutrement de chasse
et avait secoué son capel, faisait mine de s'approcher de la jeune fille, celle-ci, réfugiée en un coin,
le visage voilé de ses deux mains, implorait la
Sainte-Vierge, et appelait encore à son aide,
Sainte-Perrette sa patronne. Ce que voyant :

—Foi de gentilhomme! ma mie, poursuivit
le roi, de votre sexe êtes la prime, vous affie,
qui pourpense à soi retraire si fort à mon approche.
Mais ça, dites à moi, fillette, tiendriez-vous à vergogne, par cas fortuit, de faire accueil d'hospitalité
en votre hutte à un piqueur, par le temps présent?
Qu'il vous plaise d'ouïr la pluie tombant à clochettes, et le tonnerre grondant sans interruption,
et dites, ma mignonne, ce qu'en pensez?..

—Sainte-Vierge! nenni-dà… Dieu me garde, de dénier onc retrait d'hospitalité, à qui que ce soit, par
temps si gros d'orage. Ains aussi, quand s'en va rattourner mon père qu'est allé au village, quels seront ses pensers, ensemble ses dits, en retrouvant
sa fille toute seulette avec un juvénil gars de la suite
du roi; lui, qui me fait recommandation à chacune

fois que je vais à Folembray, de jouer la muette à leur égard? Et si par malheurée, il advenait onc à l'oreille de Mathurin, qu'en ai reçu un en notre hutte, mon père absent; oh! bien sûr, il ne conserverait plus un seul brin d'amour à mon endroit....

Et là-dessus, se prit à pleurer la jeune fille, avec un grand renfort de sanglots, à l'égal d'un enfantelet, vertement menacé pour une faute légère, de passer par les verges.

— Foi de gentilhomme! ma mie, s'il ne s'agit que de cela, sus et sus mettez à néant tout souci, reprit le roi. Avez, je vous jure, cuirasse que n'ont pas toujours dames de cour, et qui vous gardera de tout piège; c'est la votre vertu. Quant à calmer le père, ceci me regarde, je prends tout sur mon compte. Pour l'épouseur, n'ayez timeur aucune qu'il ne vous fasse plus baller sous l'ormel, ni qu'il ne vous conte plus à l'avenir d'amoureux propos, ce enfin qu'il vous désaime; le dirait-il? qu'ai pouvoir qu'il en soit autrement : oyez-vous? — Ores, ma belle, j'estime ma charge douce, d'imposer trève à ces sanglots, qui vous vont suffoquer, aussi bien que d'assécher ces beaux yeux, qui larmoyent ne plus ne moins, qu'étoiles par temps présent.

Grâce aux paroles persuasives que François Ier

sut employer ; grâce à cette prépondérance qu'il savait comme roi imprimer à ses paroles , quand il parlait et agissait comme tel , la jeune fille ne tarda pas à retrouver son enjouement habituel ; et pour sceller la paix, le roi, pressant ses deux mains dans les siennes , lui requérait l'accolade d'amitié. Bien que Perrette la paysanne, portât une coëffe de gros drap, d'où s'échappait une chevelure blondelette , qui se partageait sur le front en un double bandeau lisse, qu'une jupe de bure découplât sa fine taille, et que pour tout affiquet, une simple jéhannette de bois ciselé, lui pendit au cou , néanmoins , le roi François Ier en était déjà amoureux , tant chez lui l'amour était incandescent.

Or la jeune fille , naïve comme une vierge de quinze ans , ne prenant en mal la demande du piqueur galantin , n'osait dénier rémunération tant minime , à qui savait user de si gentilles paroles , pour lui faire entrer consolation au cœur, à la place du chagrin qui s'y était vitement logé à sa vue.

Donc, le roi devenu oublieux, en présence de si gentille paysannette, du froid de la pluie, qui le pénétrait dans les membres, tout autant que de sa malfaim, qui lui faisait entrer les entrailles en courroux, en était à lui accoler sur ses lèvres avec de petits mots de tendresse, le baiser du raccommodement ;

quand voici tout soudain le charbonnier survenant
à l'improviste qui s'écrie :

—Jarnidieu!... qu'est-ce cet homme?...

Perrette, que foudroyait le regard de son
père, se débarrassa bien vite des bras du roi, pour
se réfugier près du charbonnier qui continua ainsi
sur un ton narquois.

—Corps-Dieu! c'est peut-être grand dommage,
et bien mal à moi, de venir à la sourdine troubler
le roucoulement de deux tourtereaux si très appri-
voisés!...

—Mon père!... fit la jeune fille avec des larmes
dans sa voix, et le pressant dans ses bras.

—Brave homme, parla François Ier, ne tire inquiétude de ma présence en ta hutte. Suis un piqueur du roi égaré par les ténèbres, et qui est venu
ci réclamer l'hospitalité.

—Morgaine! tu n'avais besoin, mon mignon, de
me dire que tu étais attaché à la suite du roi. Il est
donc écrit, que lui et les siens n'en feront jamais
d'autres? Sac-à-charbon! Est-il vrai d'avancer,
qu'il n'y a que pour vous, à venir faire des contes
à nos femmes, empateliner nos filles par les billevesées que leur logez en tête, pour ensuite les dé-
honter sans vergogne, et nous chapoter sans-doute
encore nous autres, que si réclamons de notre trop
haut?..

Le roi, qui n'était guère habitué à entendre un langage aussi peu mesuré, surtout lorsque l'on s'adressait à lui, ne put s'empêcher de froncer le sourcil à l'ouïr de l'imputation qui lui était faite. Ne voulant pas néanmoins, que son hôte considérât son silence, comme un tacite aveu de la véracité de ses reproches, il lui offrit de lui rendre la satisfaction qu'il exigerait et de traiter avec lui d'égal à égal, se chargeant de le faire anoblir sur le champ, pour ne pas déroger aux loix de la chevalerie. L'esprit aventureux du roi, entrevoyait dans cette proposition, tout le piquant d'un incident romanesque.

Elle ne parut pas agréer au charbonnier, à en juger par sa réponse.

—M'anoblir, s'écria-t-il!.. merci - Dieu! beau muguet, n'ai que faire de tes anoblissemens. Mes titres de noblesse, à moi, les puise dans ma bonne renommée ; car j'ai à souci constant, de prendre garde en mes dits et gestes, de faire tache à ma réputation. Foi de charbonnier! tout piètre que t'apparais, m'estime tout autant que gentilhomme de cour, pour ne dire plus : fais en état pour l'avenir.

—Aussi, est-ce plaisir pour moi, quand vient la fête dominicale, de passer par le village en allant à l'office divin, et d'entendre dire : « Voilà le père Thibaut qui passe, c'est un honnete homme cettui-là,

c'est le premier en probité du canton. » De tels
dires, font trouver légers, l'ahan du jour et les labeurs de la semaine, dà ! Mais vous, si venez à passer, les filles se cachent tout comme si appropin-
quaient les ennemis du pays, et l'on se dit : « Bé !
foin des gens de cour ! ce sont trétous gens grands
déflorateurs de fillettes et qui vivent sans faire
œuvre de leurs dix doigts, » et ne sais quantes
autres propos notés sur le même ton. Pour en
clore, beau sire, tu m'as juré il me semble, ta parole de gentilhomme que tu ne mentais pour le
quart-d'heure. Peut-être est-ce lui accorder trop
grande value, il n'affiert ! j'y ajoute créance.

—Croix-Dieu ! se récria le roi, charbonnier,
te trouve bien osé de pousser aussi avant l'outre-
cuidance en ton débit. Sais-tu à qui tu parles,
mort-d'homme !...

—Tout doux, messire, calmez la bile qui vous
tourne sur le cœur, et retenez qu'un piqueur si
fier à bras soit-il, tout comme en avez le semblant, ne ferait peur à un charbonnier tel que le
père Thibaut. Et puis, voyez-vous, que mes propos ne vous éperonnent pas trop au vif : suis bâti
de telle sorte, que tout ce qui me passe par le chef
me vient aux lèvres, et que le dis haut et clair, le
plus souventefois sans male intention. Aussi, merci-

de-moi ! suis-je bien connu au village comme aux alentours, et sait-on me rendre justice sur ce point. Par ainsi, n'ai pour usance de garder ce qu'ai sur le cœur. A mienne idée, rancune ressemble à levain ; si les gardez un trop long-temps, fermentent et s'aigrissent l'un et l'autre. — Or maintenant, messire piqueur, cimentons la paix entre nous par bonne poignée de mains fraternelles. Que si vous ai parlé molestement, ayez vous prie, mémoire de lièvre sur ce cas. — Toi Perrette, ma fille, te plaise de nous faire flamber au plus vite aucunes bourrées de sarment sec, pour réchauffer ce gentilhomme mi-transi. Après tout il est notre hôte, et comme tel le devons recevoir. — Ça, en attente que ma fille satisfasse à mon commandement, messire piqueur, soyeons-nous près de l'âtre et devisons de compagnie. — Holà ! hé ! m'excusez, vous prenez mon escabelle de paille. Sachez que c'est mon siège d'accoutumée, et ainsi que dit le proverbe :

> Comme par droit et par raison
> Chacun est maître en sa maison,

par conséquent, le charbonnier est le maître dans sa hutte : est-ce pas vraie vérité ? Ai l'espoir que ne tirerez souci de la remarque, et comme voilà ci-proche une sellette de bois, qu'il vous plaise d'y prendre place. Après tout, verrez que le père Thibaud a peut-être le dehors un peu brusque, ains le dedans est meilleur à ce qu'on dit. En ce, ressemble-t-il au chêne qui a l'écorce rude et le cœur bon. Au demeurant, si nous poussons outre la connaissance, il vous sera loisible de l'expérimenter par vous-même. — Ains, dites-moi donc l'ami, peut-on prendre connaissance de vos nom, qualité et demeure... Hein?

—Mes qualités, reprit le roi, qui jusqu'alors n'avait quasi trouvé de vide à placer un mot, tant verbiageux était son hôte, les connaissez, suis piqueur du roi. Pour ma demeure, n'en ai pour ainsi dire de fixe; ores j'habite Paris, ores Chambord, ores Cramailles ou Folembray, selon le bon plaisir du roi François Ier. Quant à mon nom... balbutia-t-il...

—Baste! dit le charbonnier, le taisez, si de me le dire il ne vous est duisant. Pour moi, ne vous en arreconnaîtrai d'autre que cettui-ci, mon hôte.

Au fur et à mesure que la chaleur pénétrante du feu, déraidissait ses membres engourdis par la pluie, le roi, sentait l'appétit lui revenir au corps, et plus strident que jamais. De son côté, le charbonnier

pour qui sonnait aussi à son estomac, l'heure du souper, sans attendre que son hôte lui demandât quelque nourriture, commanda le service à sa fille.
Celle-ci, fut prompte à mettre sur pied, une petite
table, sur laquelle furent déposés pour tout menu,
un quartier de fromage, un pain bis et une potée
d'eau fraîche.

Bien que table et service, ne fussent pas dressés
par main de maîtres-queux, cependant le roi qui
était pris d'une grande lassitude et d'un appétit
égal, pour avoir par les coins et recoins de la forêt,
tout le jour chevauché, trancha avant dans le pain,
retourna plus d'une fois au fromage, témoignant
par des exclamations riches de contentement, combien il trouvait l'un et l'autre excellents.

— A vous voir emballer si piteux vivres pour régions d'en bas, et ce, avec empressement tant
leste, fit remarque le charbonnier, on dirait que
faites quasi un souper de roi. Ce pourtant, ne m'apparaissez avoir le semblant d'un amoureux de carême, qui n'oserait toucher à viande généralement
qnelconque, voire un saint jour de vendredi... Encore que si nous avions quelque pièce de viandaille,
telle qu'éclanche de mouton ou jambonneau de
marcassin, en plus, du petit clairet pour l'arroser...
Pour ma part, sacrerai par tous les saints des bois,
que le roi n'a pas soupé comme le père Thibaut.

— Voirement, brave homme, dit sur ce le roi, tu me fais sentir regret de n'avoir près de moi quelqu'un de service, l'expédierais au plus tôt au village de Folembray. Par ainsi ton souhait ne sécherait sur pied.

— A propos, fit le charbonnier en se frappant le front de la main, idée me passe par la cervelle que nous pourrions bien avoir une chopine de reste de la Pasque dernière; qu'en dis-tu Perrette?... Ça, avise donc un petit le dedans du bahut sis à ta dextre; tu pourrais bien l'y rencontrer par bonne fortune.

— Ma ficque, aviez raison, père, dit la fillette, en déposant sur la table une chopine du crû.

— Hutte et charbon! mon hôte, suis par ma foi! heureux de la trouvaille, elle nous aidera à faire passer le formaige qui se fait vieil, partant rancé en diable au gosier....

— Fête-Dieu! mon compère, dit François Ier, à quel saint adresser les congratulations miennes? A Saint-Vincent, patron du vin, ou à Saint-Jérôme, son frère, patron des cas fortuits?.. Voici la moitié du souhait accomplie : ores baillerai de bon cœur, vous affie, boursette enflée d'écus au soleil, pour voir arriver la partie deuxième. Déà! que si n'étions si distans du village, irais moi-même je cuide, quérir une pièce de sanglier. — Dites-moi ça, ne vous arrive-t-il onc de braconner bêtes sauvagines par la forêt... Hein?

—Ouais! et qu'est-ce que dirait le roi s'il en avait vent? A ses yeux peccadille tant minime serait griève coulpe, je pourpense.

—Bah! cuides-tu donc... Puis par un retour de pensée, se ravisant tout soudain, tu as ma foi! raison, continua François Iᵉʳ, rien n'advient dans le royaume, que le roi n'en soit instruit; et fais état, que tout ce qui s'y dit, comme tout ce qui s'y mène, lui arrive à l'oreille. Mais va, je tiens pour certain, brave homme, que tu peux m'en conter sur ce chapitre, aussi long que tu voudras, et que jamais il ne t'inquiétera de ce côté. Voire, sois acertainé que s'il en a avis, au rebours de te faire embastiller, comme il advient à qui pourchasse sans permis dans ses forêts, il te merciera à l'égal de moi, si présentement tu m'admontrais morcel de gibier accommodé à point, acheva le roi se doutant du cas?...

— Vertu d'ogre halénant chair fraîche! sacra le charbonnier en ouvrant de grands yeux, parlez-vous vrai?

—Aussi vrai, que votre jolie fille à nom Perrette; est-ce pas, ma mie?

— Ça, que si vous touche un mot à ce sujet, vous garderez donc bouche cousue, tout piqueur qu'êtes?

— Cousue à ne s'ouvrir onc sur ce point.

— En le cas, sus Perrette, sus ma fille, à la huche!... T'en va querre ce qui s'y trouve, et nous l'apporte à la hâte. Notre hôte ne faussera pas sa parole, en ai l'assurance.

La fillette se leva de nouveau sur l'ordre de son père, et se dirigea vers la huche. Elle en rapporta toute joyeuse, un pâté de venaison, qui, pour avoir été fait au village, n'avait pas moins mine à prévenir en sa faveur.

— Pour cette fois, dit le roi gaiement, c'est au grand saint Hubert, qu'il nous faut chanter nos grâces, est-ce pas?

— Oui, mais motus, fit recommandation le charbonnier avec deux doigts sur ses lèvres.

Le roi, s'empressa de le rassurer sur l'avenir, et lui conseilla de compter sur sa parole comme sur sa reconnaissance. Puis, prenant le pâté, il se mit sans plus de propos, en devoir de le dépècer. Dès qu'il en eut fait sauter la croûte, il remarqua que la viande était des plus fraiches, ce qui fut pour lui une occasion de demander ironiquement à son hôte, si elle datait aussi de la Pasque dernière.

À quelle demande, ne satisfit le charbonnier, tout comme si le compère avait l'ouïe dure. Et à la guise d'un quidam répondant noir à blanc, il se hâta d'élogier l'adresse avec laquelle le roi s'acquittait de ses fonctions d'écuyer-tranchant.

Pour François Ier, tout en jouissant du bonheur de son hôte, il mit à profit le pâté pour satisfaire sa faim et forcer au silence ses entrailles, lesquelles tout-à-l'heure réduites aux abois, criaient encore misère et famine en présence du fromage. Donc, coupant morceau sur morceau, il ne tarda pas à faire bonne brèche au pâté de venaison, car ne manquant pas d'appetit, il mangeait ferme et buvait d'autant, bien que la piquette de Folembray ne fut doucereuse comme vin d'Orléans.

—Ores, dit François Ier à l'adresse de son hôte, que si nous buvions de concert la santé du roi de France, qu'en dis-tu?.. peut-être lui arrivera-t-il aussi de boire la tienne !

—Quoi! boire à la santé de François le grand nez? fit le charbonnier en se levant sur ce propos, avec accompagnement de grimaces, qui lui donnaient le semblant d'une guenon mangeant des noix vertes.

— Déà! tu fais mine de ne vouloir pas, et pour quoi donc? Le roi, en ai la persuasion ne t'a onc porté damn', ou s'il l'a fait, je tiens pour avéré que c'est sans connaissance de cause. Dis-moi, as-tu souvenance de l'avoir avisé un jour?..

— Non que je sache; ains me suis laissé conter, qu'il avait le nez un tantinet aussi long que le vôtre. Et puis, à franc parler, je ne me sens pas une grosse poignée d'affection à l'encontre de sa personne.

— Bah! tu ne l'aimes pas, et pour quelle raison?

— La raison... la raison... que si je le voyais, j'en aurais long à lui en dégoiser. Oh! quand le roi Louis le douxième de paternelle mémoire — que son âme sommeille en paix, le bon roi! — disait en sacrant par son juron d'accoutumée, à l'endroit du présent roi, quand tout jeunet encore il était, «— Que le diable m'emporte! ce gros garçonnet-là nous gâtera tout. » Ça n'a pas manqué. C'est qu'aussi il avait la prévision longue dà! le feu roi Louis le douzième!

Au lieu de prendre la mouche, à l'audition d'un parler aussi plein de hardiesse et de se facher rouge, le roi, aima mieux jargonner avec le charbonnier, de ce que l'on pensait et disait au village touchant sa personne. La conversation qu'il venait d'avoir avec son hôte, avait suffi d'ailleurs pour lui apprendre par expérience, que la franchise était chez lui une

qualité naturelle. C'est pourquoi, sans prendre souci
des propos dont la rudesse allait lui écorcher les
oreilles, il se composa de son mieux un air indiffé-
rent et dit :

— Eh bien! Mort-Dieu! fais comme si j'étais le
roi, et débite-moi par le détail, tout ce qui est
à ta connaissance sur François le grand nez, et ça,
de la bouche à l'oreille, si tu nourris timeur qu'on
entende d'aventure tes propos au dehors.

— Bé! nargue de prudhommie et fi de si grandes
précautions! Le charbonnier n'est vergogneux de
dire clair et net ce qui lui vient en tête, et ce, en
barbe de tous. Ce pourtant n'en rapporterez rien
au roi, en ai l'espoir?

— Te le jure par ma barbe! non plus que du pâté
de vénaison. — Ores brave homme, venons au fait.
Tu n'aimes le roi, dis-tu! Ça, parle sans voile, serais-
tu malheureux sous le règne présent?... Serait-ce à
dire que tu ne te plais pas en ta hutte... hein?

— Si pauvret que soit son nid, en êtes-vous messire, à savoir, que tout oiselet le trouve bel et
gentil?

— En ce cas, avec les fruits de ton labeur, je te
voix heureux pour le présent et te plaignant à
tort,

— Heureux!... Bé! que si disiez joyeux, arré-

pondrais, oui, par ci par là. Combien que la malaisance loge pardurant l'année avec nous, encore
arrive-t-il aliques fois à la gaîté, d'élire domicile
sous nos toits de chaume et d'y séjourner un petit.
Une musette et une chopine, en voilà grandement
à suffisance, pour faire baller les jeunes et rajeunir
les vieux. Il est vrai de dire, que la chose n'advient
qu'un jour sur sept, et pas toujours encore. Mais
quant à l'heur, il ne passe que rarement le seuil de
nos chaumines. Pour moi, n'ai onc de chevance ;
il me porte rancune, que je crois, car à dire ce qui
est il n'a encore visité ma hutte.

— Déà ! le diable n'est toujours heurtant à la
porte d'un pauvre hère ! Que te faut-il donc pour
te dire heureux !

— Dam ! si ne payais pas d'impôt sur mon charbon, mon boursicot ne serait aussi plat qu'il est
présentement et pécule de s'arrondir au plus vite.
Mais oui ! ce n'est tout encore : le roi nous traite
tout comme si étions gens pécunieux. Outre impôts
et corvées, viennent en surplus tailles et gabelle.
Oh ! la gabelle ! vrai chancre qui nous ronge jusqu'à
la moëlle, et nous procure la misère et le demeurant. Par ainsi est réparti le numéraire que tirons
de nos labeurs : les douzains partent pour le trésor
royal, ains liards et patards restent en notre escar

celle. Autrement dit, le plus net est pour le roi et le reste pour nous. —Misère-de-peuple ! du train dont va le roi, pour sûr, il nous aura à tantôt réduits au bissac.

François Ier, que ses dernières guerres avaient forcé à frapper ses sujets de taxes onéreuses, ignorait qu'elles pesassent aussi fort sur le pauvre populaire. De tout temps, la voix du malheureux, a eu de la peine à se faire jour à travers les flots de courtisans qui se pressent autour des trônes, afin de parvenir jusques aux oreilles des rois. Aussi, après avoir maudit le sort qui l'avait égaré dans la forêt et contraint de passer dans les bois une nuit aussi orageuse, François Ier commençait à bénir le hazard qui l'avait conduit dans une hutte de charbonnier, et qui lui permettait, grâce à son incognito, d'apprendre des choses, que ses familiers, par une coupable complaisance, se gardaient bien de lui faire connaître. Après avoir écouté les complaintes de son hôte touchant la gabelle, il s'écria sur un ton qui témoignait de son étonnement :

—Qu'est-ce à dire ! la gabelle pèse tant sur le populaire et le roi ne le sait ! Brave homme, garde l'espoir qu'il y remédira du jour où il en aura eu connaissance.

—Messire piqueur, n'est besoin de faire montre

de si grand étonnement, de ce que le roi est ignorant du cas, dit le charbonnier. La chose n'est mirifique, non plus rare, vu qu'elle se fait voir chacun jour. Lorsque dame vérité s'en vient à l'huis des châteaux de rois, d'aucuns trouvent intérêt à la repousser léans, oyez-vous? Ceux-là ont à nom les familiers du prince... — Avez beau rioter sous cape, messire, ce que vous dis est fine fleur de vérité, dà!

— Ça, fais-moi réponse *ad hoc :* est-ce que œuvrant comme tu le fais, outre tes impôts acquittés, ton labeur ne te tourne pas à profit.

— Ah! bien oui! on a beau ahanner toute la semaine, ce n'importe! on ne vit qu'au jour le jour. Les temps sont si durs, et la difficulté si très grande d'ébucheter bois de charbonnette, tant les gardes des forêts sont aux aguets, que la chose ne vous paraîtra naturelle, à vous qu'avez logement, vestiture et le demeurant sans bourse déliée; au rebours qu'êtes grassement appointé. Commencent à grisonner mes cheveux, sans que pour ce, ai pu m'enrichir. Ce pourtant ai travaillé dès mon jeune âge jusqu'à ce jour-ci, et ne cesserai qu'à l'heure où bras et jambes me dénieront le service. Car ce n'est quand on se fait vieil qu'on a le pouvoir et faculté de besogner. Charbon qui s'éteint ne donne plus de chaleur. Et donc, voyez en moi, messire, un échantillon du peuple.—Ah ! Saint-Sauveur ! sous le roi Louis le douzième, il n'en était ainsi. Le bon roi ! il n'était pas appelé en vain le père du peuple ! Mais cettui d'à présent, quelle différence ! A parler en vrai Picard, autrement dit sans farder les mots, est-il bon à se faire proclamer le père des veneurs, nous charger d'impôts et s'accointer jour et nuit avec catins de haut parage.

—Halte-là ! compère, vous allez un peu loin en vos dires médisans, et vous suade de brider votre langue, si tenez à souci que tels débits ne tournent à votre damn', parla le roi, le front rouge de colère, peut-être bien aussi de vergogne. Foi de gentilhomme ! continua-t-il, le proverbe parle vrai ; on n'est jamais brouzé que par un sac à charbon.

—Nenni, mon gentilhomme ; dites plutôt, que sac à charbon brouze la vestiture, au rebours de langue de charbonnier, qui rend blanche ou noire réputation d'autrui, alors aurez raison.

—Ce au moins, est-il remarquable que le petit clairet te donne du babil à ce jourd'hui.

—La vérité dans le vin, mon beau sire.

—Bien dit ça ; mais au moins tu ne nieras pas que tu es frondeur en haute gamme !

— Possible est, mais vérace en tout point. Adonc

je reviens à mon dire et le maintiens, que François le grand nez, est l'ami familier de toutes les dames en cour, et mène avec icelles, en ses châteaux de plaisance, vie de fainéantise qui ne lui fait guère bonne renommée. — Par tous les saints des bois! mon hôte, me faites le semblant d'être du mien avis, à vous voir coi et ne sonnant mot à ce sujet?..

Le roi, qui n'avait qu'à descendre en sa conscience, pour voir qu'il n'était pas jugé à faux par le charbonnier, n'avait la force de couper court à son franc parler, pour le contredire. Au contraire, il voulut sonder plus avant l'opinion du villageois touchant l'état du royaume, et voir jusqu'à quel point ses amours, qu'il pensait être un mystère au moins pour les habitans de Folembray, étaient parvenus à leur connaissance. Donc, continuant toujours à plaider le faux pour être instruit de la vérité, il lui demanda s'il ne craignait pas de faire un jugement téméraire en tenant un pareil langage et d'être en conséquence accusé de fourberie et puni comme tel. Sur la réponse du charbonnier, qu'il était tout prêt à en venir aux preuves, François Ier s'enquit alors s'il connaissait au moins les châteaux où le roi menait, d'après son dire, un si joyeux train.

— Pardienne! que c'est chose mal aisée à trouver! Ores à Paris, ores à Cramailles, ores à Folembray:

—Comment ça à Folembray... demanda le roi.

—Oui-dà, ci-même à Folembray, jarnicoton! Voilà-t-il pas que le châtel est hanté depuis l'advenue du roi, d'une princesse faite d'hier!

—Allons donc, tu rêves, brave homme.

—Oh! que nenni que je ne rêve pas. Je me suis laissé dire le fait au village, et j'en sais un qui a avisé icelle ribaude à la descente du coche-royal.

—Foi de gentilhomme! compère, vous trouve plus instruit sur les amourettes du roi, que d'aucuns vivant proche lui. Jusques alors, cuidais que médisance, épargnait les villages et ne soufflait qu'en cour; erreur n'est pas compte. Le pire est, que le faux mêlé au vrai, s'implante en idée de rustiques, tout comme ivraie à l'égard de bon grain. Or donc, mon hôte, que si m'en croyez, ne ferez état de tels dires; ains au rebours, les tiendrez pour mentiries et effets de malbouche.

—Bé! bé! la bonne gaudisserie, fit le charbonnier en dodelinant de la tête et accueillant telle défense avec un rire en haute gamme. A d'autres, à d'autres s'il vous duit! On sait ce qu'on sait, et n'ai visière partroublée à suffisance, pour ne différen-

cier plus un lanternier d'une vessie, dà! Et encore
s'il n'y avait que le roi qui menât telle conduite, ne
serait-ce que demi-mal. Mais las! par la morgaine!
tel maître tels valets. J'arrive du village : quelle
est la prime nouvelle qui m'advient aux oreilles en
y entrant? C'est qu'un maître-arquebusier portant
vestiture toute terluisante d'or, a voulu...—
Par mon charbon en feu! est-ce à dire que le
Diable s'en mêle, Perrette, que ton fil s'embo-
bine si très-mal à cette veillée-ci, et te force à arrêter ton touret à chacune minute... hein? —Je
poursuis le propos. Adonc le mauvais soudard a
voulu, que je disais, violenter pour en faire à sa duisance, Jehannette, la fille au père Guillaume, tis-
serand-filandier par état, en plus, mon compère et
ami de longue main. Lui, comme de juste, a ré-
clamé de son plus fort et de son plus haut. Bonté-
de-Dieu! non content de tenir ses cheveux blancs en
contemps et sa fille en stupre, le maître-arquebusier, pour en venir à sa male fin, a dégainé sa lame
et fait mine de vouloir navrer de horions le pauvre
homme. Ce que voyant, fut contraint l'ami Guillaume, maugré que susanné, d'en venir à une pu-
gnade, jusqu'à ce que sa fille eut attiré des dé-
fenseurs par ses cris à l'aide! à la rescousse!—Or,
comme je rattournais du village, tirant raide devers
ici, à peine le pied en ma hutte, que vois-je,

serpé-Dieu! un piqueur recueilli par loi hospitalière, batifolant jà avec ma fille, et lui impétrant
avec un beau feu d'enthousiasme privautés qui ne
me vont guère.

— Ce que venez de débiter à l'endroit d'un
maître-arquebusier, est-il vrai, demanda le roi?

Le charbonnier affirma le fait sur serment, et in-
voqua tous les habitans de Folembray en témoi-
gnage de la vérité de son rapport.

Sur ce, le roi lui assura, en souriant légèrement,
qu'à l'heure présente, François premier en était
averti, et qu'il ne manquerait pas quelque soit la
qualité du maître-arquebusier, de le faire passer par
la geole, pour lui apprendre une autre fois à respecter des gens qui ne lui cherchent pas castille.

— Oui, mais le mal est fait; et direz comme
moi, tel maître tels valets. — Aussi à franc aveu,
le présent règne est-il regardé comme mauvaise
bague pour le royaume. De telle sorte pensons-
nous trétous au village. Ce au moins, le bon roi
Louis le douzième s'enquestait de son peuple; mais
le roi François n'a science qu'à s'oblecter dans ses
châteaux de plaisance, courir la prétentaine et mener grand et joyeux train en chasse, lascivie et
autres passe-temps; ce durant que nous autres reî-
tres et gagné-déniers nous nous morfondons en la-
mentations et souffretés.

—Puisque n'ai pouvoir, compère, de vous suader qu'à l'égard de ce qu'on vous a conté à l'endroit du roi, de vous on a pris plaisir à se trupher bellement, et que sur ce avez tête de Picard, cuidez pour le moins que tailles et gabelles qui vous font jeter plaincts et quérimonies, partant si très peu aimer le roi, icelui ne les impose onc qu'à contre-cœur et n'agit qu'à bon escient, alors que nécessité l'y oblige.

—Charbon-Dieu! messire piqueur, que s'il en est ainsi, en attente, les bons pâtissent pour les mauvais. J'en demande à vous. Est-il juste que les sueurs du peuple servent à engraisser les familiers du roi? Et encore ne faudrait onc avec iceux se douloir! Brrrr! gardez en note que ne suis pas homme à me laisser brider comme ânon sans jeter cris et porter le bât sans ruader. Misère-de-peuple! un charbonnier comme moi sait de quel train se mènent les choses. Aussi bien, encore un grévement de plus sur la gabelle, et je dis haut mon avis. Jarnidieu! on ne charge pas les hommes à plier sous le faix. Qu'un autre se laisse manger la laine sur le dos, moi, je réclame au bailli du canton; et si n'est baillée requête à ma demande, lors on verra comme sait agir le père Thibaut!

—Et de quelle façon s'il vous plait?

—Que le diable m'emporte! comme maugréait feu notre bon roi, si je n'éteins pas mon charbon!

— Et alors!...

— Et alors les fourneaux du roi n'iront plus.

— Par la tête de mon joyeux! brave homme, je vois décidément que le crû de Folembray t'émoustille le cerveau et te fait baller les idées de travers.

— Oh! que nenni, répliqua le charbonnier; là! là! je vois bien au contraire de ce que me dites, que rien ne vire à l'entour de moi, comme la chose m'est jà arrivée sous la tonnelle du village.

— Pour lors, que si tu as la tête saine, fais-moi réponse : puisque tu m'apparais si très bien instruit sur les affaires du roi, en es-tu à ignorer qu'il a de grandes charges à acquitter; que de plus, il a besoin de finances à cette fin de mettre sur le pied de guerre, belle et numéreuse armée, de mode à maintenir en respect les ennemis du royaume qui ne demanderaient mieux que de l'envahir, n'était la crainte d'être déconfits?

— D'accord! voire à ce sujet tout rodomond que vous puisse apparaître, vienne l'Espagnol en notre pays, ains que de le voir commander la France en maître, serai par ma foi! un des premiers à répondre, «me voyez-ci!» au cas où le roi François le grand nez ferait un appel à ses sujets, et ça, maugré la cinquantaine d'ans qui va m'échoir à la Saint-Jehan à venir.

Après l'avoir complimenté sur son bon vouloir, et exprimé le désir que tous les habitans du royaume l'imitassent sur ce point, le roi chercha à lui démontrer qu'en patientant encore quelque peu, il ne tarderait pas à voir luire enfin le jour où les armées étant remises sur le pied de paix, et n'entraînant plus en conséquence avec elles des frais aussi dispendieux que par le présent, les taxes alors seraient réduites et la gabelle dégrevée : c'est pourquoi, lui serait-il facile de trouver les temps meilleurs que par le passé, à moins d'être un malcontent quand même.

Le charbonnier n'en crut rien et secoua la tête en signe d'incrédulité.

— Avec le temps et le chaume, dit-il, néfles murissent partant se font bonnes. Ains en tant que des jours à venir, je pourpense qu'ils ne se feront onc meilleurs.

— Sur ma parole! ainsi n'en sera, t'affie, vu que patience et longueur de temps font plus que force ne que rage, et que tout vient à point pour qui sait expecter : ainsi parle l'adage. Or, gagnant toujours autant et contribuant moins aux taxes, le métier n'en sera que meilleur, est-ce pas? Puis arriveront de compagnie heur pour toi et épousailles pour ta fille, qui n'en sera mie fâchée, j'ai espoir. Qu'en pensez fillette?

— Ma ficque non, mon sire.

— Le temps ne presse ce pourtant pas encore beaucoup ; car m'apparaissez avoir bien de la jeunesse dans tous les membres ; quel âge avez-vous, mignonne?..

Se hâtant de répondre à cette demande, fit ainsi réponse la jeune fille avec une belle révérence :

— Ai quinze ans d'âge : revienne la floraison des primevères et j'entrerai en ma seizième année.

— Ce n'est guère encore l'âge de songer à prendre un épousé, dit le roi.

— Que nenni, messire piqueur, sauf votre avis, riposta vitement la garsette.

— Ah! bien oui, surenchérit le père, allez donc dire à fillette affriandée d'épousailles, que l'heure de son mariement n'est pas encore sonnée à la paroisse, serez bien reçu, ma fy! Autant vaudrait imposer trève au caquet bien affilé d'une maîtresse-commère, ou empêcher rivière de couler. Et pourtant avec quoi entrer en ménage? Est-ce avec la notre pauvreté! Rien n'est pressant dès-lors. Qu'est-ce qu'une femme sans dot sinon charbonnière sans charbon...?

— Pourquoi parler sur ce ton, père, quand je file de bon cœur à chacune veillée de quoi parfaire bel et bon trousseau ! Et Mathurin qui n'est désœuvré ne plus dépencier, ne met-il pas de côté bonne part de ses gains journaliers...?

— Et quel métier fait ce juvénil gars, s'enquit le roi?

— Compagnon bucheron pour vous servir, répondit Perrette, et bientôt maître en sa maîtrise.

Bien que le roi eut trouvé le babil du bonhomme souvent trop hardi, soit qu'il lui parlât de ses maîtresses, soit qu'il l'entretint de la situation du royaume, ou soit enfin qu'il lui peignit sa position avec toute la naïve crudité de son langage campagnard, néanmoins il sut se contenir suffisamment pour ne même pas grimacer ; ou s'il le fit, ce fut si politiquement, qu'œil de charbonnier si exercé fut-il, n'y aurait rien vu. Dans le franc parler du père Thibaut, il avait trouvé matière à plus d'une réflexion. Absorbé par ses pensées, François Ier qui tenait à souci de regagner cette popularité qui l'avait salué en montant sur le trône, et que des revers de fortune paraissaient lui avoir fait perdre, en était à songer mentalement aux moyens de la recouvrer. Lorsque le charbonnier l'avisant tout soudain pensif et rêveur, de telle sorte lui adressa la parole :

— Qu'est-ce avez donc messire, que je vous vois si très rêvasseux et que portez visage tant malhaigné? Corps et âme! seriez-vous par fortune malcontent de ce que vous ai dégoisé tantôt touchant notre roi? La chose vous tarabusterait-elle les esprits... hein?

François Ier ne put s'empêcher de lui dire, qu'il rêvait aux moyens d'alléger les impôts qui accablaient le populaire, et à lui rendre enfin l'heur qu'il disait exilé des villages.

— Comme vous me dites ça, messire piqueur, avec un accompagnement d'un gros soupir. Ah! bien oui, plus souvent que nous verrons par le temps qui court le bonheur prendre le chemin de nos huttes! A quand s'il vous duit? Pour le moins à la venue des coquecigrues, acheva-t-il sur un ton railleur.

A quoi fit réponse le roi :

— Il m'appert que tu nourris des doutes à cet égard, et pourtant si avant ma départie de ta chaumine, je te bienheurais à souhait toi et ta fille, qu'en dirais-tu?

15

—Que le temps des fées est passé, et que temps passé ne revient plus, dà!

—Mais encore, dégoise-moi ce qu'il te faudrait pour te dire heureux. Que si par cas fortuit ton souhait allait s'accomplir à l'instar de la chopine du crû et du pâté de venaison!

—Comme vous nous dites ça! A moins d'être roi ou sorcier, vrai-bis! ne parlerait-on autrement!

— Ne tire souci de mon air, et parle toujours : peut-être sera-ce matière à deviser entre nous.

—Foi de Picard! avez raison, mon hôte, changeons de gamme, la chose sera plus gaie de soi que de discourir sur la misère du temps.

—Or donc pour être heureux, il te faut...

—Ah! dam! bien des choses... D'abord pas d'impôt sur mon charbon, le dégrèvement de la moitié au moins de la gabelle.

—En suite de quoi... reprit François Ier en voyant que son hôte était demeuré à court après avoir exprimé ses plus pressans désirs.

—Ah! ensuite de quoi... Après ce... Rouge et noir! ai beau me gratter la nuque et me frotter le front, n'avise plus rien d'avenant à ma guise. Belître que je suis! —j'oubliais une vache, à cette fin que lait et fromage ne nous coutent plus un de-

nier. Ensuite de ce, ai beau me mettre l'esprit à
la torture, ne vois plus rien qui me soit duisant. A
mon aide donc Perrette, ma fille!...

— Pardienne! ai de gros désirs, moi, dit la fillette. En premier, une dot de dix écus d'or du
coin de notre roi et ayant cours dans le royaume,
pour entrer en ménage. Plus, une maisonnette sise
au village de Folembray. Avec ce, Mathurin et de
l'ouvrage, ne sais quel souhait autre aurais encore
à former, pour être plus heureuse sans conteste
que reine de France.

— Esprit d'ange! fit le père en la baisant au
front.

— N'avez donc plus rien à envier, demanda le
roi, souriant de la simplicité des vœux de son hôte
et de sa fille. Retournez bien encore toutes vos
idées.

— Néant! messire, aurais beau les matagrobiliser
et mettre mon chef à l'envers, que n'y vois plus
rien digne d'envie, parla le charbonnier.

— Eh bien! dit le roi en prenant un air de gran-
deur, mes amés, que votre vie se bienheure à l'a-
venir. Ce que vous désirez vous est accordé dès
ce moment. Faites état que le roi de France, François Ier, vous l'octroie de son bon vouloir.

— Charbon en feu! sacra le charbonnier, seriez

messire piqueur, le roi en personne, que ne joue-
riez mieux votre rolet, tant belles paroles vont à
votre bouche et prestance au corps vôtre !

—Et si j'étais le roi lui-même, répliqua François
premier !

—Le roi ! conclamèrent à l'unisson le père et la
fille en se joignant les mains. Scrait-ce d'aventure
vérité, continua le charbonnier?.. Sur ce, envisageant son hôte en face et de plus près, misère et
corde ! s'écria-t-il, c'est lui, l'arreconnais à son
grand nez, oui-dà, c'est François Ier. — Le roi de
France en ma hutte... merci de moi ! suis un homme
perdu. Sire, tenez en pitié votre serviteur ; de
grâce mettez que n'ai rien dit touchant la votre
personne, ou le prenez à contrepoint... si aimez-
mieux !

—Non mon ami, aie cure de tenir dorénavant
pour bonne et du tout valable parole de gentilhomme. Adonc rafermis au plus tôt tes esprits perturbés, car le roi François le grand nez, comme
ainsi tu l'appelles, n'a intention de te porter damn'
non plus t'occasioner de nuisance. Combien qu'un
peu trop vert de soi, ce néanmoins ton franc parler ne m'a pas déplu. La vérité ne m'arrive pas si
souvent telle que tu me l'as fais voir, sans prendre
quasi plaisance à la nouveauté. Ce pourquoi, te vais-

je guerdonner, non pas tant de ton hospitalité, c'est devoir qui t'est imposé par la charité envers tout viateur, pérégrin ou chasseur égaré en son itinère, que des discours que tu m'as tenus.

Et ce disant, le roi tira de dessous sa casaque de chasse, une boursette de cuir parfumée : il en délia les cordonnets, et se prenant à la secouer sur la table, il en fit tomber les écus au soleil et les testons d'argent qu'elle contenait.

Puis il ajouta :

— Brave et honnête charbonnier, voici de quoi te procurer l'heur pour l'avenir, solder frais de noçage de ta fille et mettre à vide plus d'une chopine. Ores en buvant le petit clairet de Folembray, le feras-tu en acclamant : — Vive le roi !

— Oui-dà ! sire, comme sous le feu roi votre prédécesseur. Foi de charbonnier ! le tiens à cette heure pour cri de bon aloi et à preuve : — Vive le roi François premier !

— A la bonne heure ! D'abondant, aux fins qu'à l'avenir tu aies fruition de manger à souhait victuailles sauvagines, sans crainte de la geole, te licencie, en souvenance de ton pâté de venaison, permis de braconner ès-bois et forêts de Folembray : le bailli du lieu en visera l'autorisation sur mon ordre.

— Jésus mon salvateur! c'est de trop en un jour, dit le charbonnier à l'ouïr de cette nouvelle faveur, c'est à y perdre la tête. Ce pourtant, comme avec gras jambonneau de marcassin arrosé de clairet, on conduit loin ses jours, partant sire, serons-nous un plus long-temps sur terre à bénir haut votre mémoire.

— Un avis à toi Perrette! fit le roi. Tiens en garde que ces quelques pièces d'or ne t'éblouissent plutôt l'esprit que les yeux, et ne te rendent désormais fière et désireuse sans fin, de gente et modeste qu'es présentement. Ores conjoins-toi avec le désiré de ton cœur, et le bonheur, t'en fais la promesse, ne cessera onc d'accompagner tes pas. — Et toi, brave Thibaut, sur mon avis, ne sois dorénavant si languard non plus tout autant frondeur; mal pourrait-il bien t'en advenir. Quantes fois échée-t-il à charbonnier de recueillir roi de France en sa hutte? Rarement, j'ai idée. Or donc, pourrait-il bien t'en coûter plus cher qu'au jour présent. — Ores mes amés, je vais me séparer de vous. Que s'il advenait aux soucis de ne vous laisser pas le sommeil tranquille pardurant la nuitée, ou l'esprit en repos le jour luisant, père Thibaut, si suis encore au châtel de Folembray, m'y viens trouver incontinent. Que si n'y suis pas, expecte le mien rattourner, ton nom sera lettre de créance pour parvenir jusques à moi, et le roi François Ier sera toujours pour le charbonnier, comme par devant, le piqueur du roi et non plus. — Voici venir l'aube matutinale, Dieu vous gard' mes amés! et tienne vous à toujours en liesse et heur. Encore une fois, Dieu vous gard'!

—Noël! noël! vive le roi François Ier!.. furent les seuls cris partis du cœur, dont le charbonnier et sa fille accueillirent les dernières paroles du roi.

L'orage avait cessé depuis long-temps. Déjà l'aube commençait à poindre et à faire pâlir l'étoile du berger en glissant sa douce clarté par les clairières de la forêt. Le ramier par son roucoulement conviait sa compagne à l'amour, et les oiseaux par leur gazouillage, en saluant l'approche du soleil, annonçaient le matin d'un beau jour.

François Ier, pensant qu'il était temps de quitter la hutte de l'hospitalité, enfourcha sa monture et se dirigea vers Folembray, guidé par son hôte jusqu'à la lisière de la forêt. Puis, faisant prendre à son destrier un train de galop, il chevaucha tout d'une traite vers le châtel, afin d'y retrouver au plus tôt Diana sa gente dame et maîtresse, qu'il n'avait pas vue depuis un long jour et une grande nuit.

Le roi arriva dans la cour d'honneur comme les premiers rayons du soleil apparaissaient à l'horizon. Il se faisait déjà un long-temps qu'il y était attendu avec une impatience engoisseuse. N'étaient piqueurs, pages et archers qui ne fussent sur pied en peine du retour de leur roi, cependant que d'aucuns en intention de lui tenir lieu de guide et le remettre en bonne voie, allaient courant les champs, battant les bois, appelant et houpant, le tout en vain.

Et Diane de Poictiers, que fesait-elle sur ces entrefaites?

N'ayant pu trouver pendant la nuit son sommeil d'habitude, elle ne se fit faute alors de préparer pour la réception de son amant, une grosse provision de mignardes gronderies, de doucereux reproches et d'amoureuses bouderies... Castille d'amour! un baiser du roi suffit pour réduire à néant tout l'arsenal, comme pour émousser toutes les armes fabriquées pendant la veillée.

François Ier fut reçu à bras ouverts par sa belle maîtresse.

HENRI IV ET MAYENNE

AU MANOIR DE CŒUVRES [1].

---

[1] Voir pour cette chronique et le deuxième chapitre de celle intitulée *Heur et Malheur*, les mémoires de Gabrielle d'Estrées.

— Le Béarnais ! dit M. de Mayenne, tirant son épée ; vous errez
M. d'Estrées, il est sous les murs de Paris à cette heure.

— Nenni, monsieur le duc, j'ai trop bien ouï sa voix, et si ce
n'est lui, c'est le diable sous sa figure.

— Monsieur d'Estrées, je vous sais trop d'honneur pour mettre
en soupçon votre loyauté ; mais aidez-moi à sortir d'ici, ou plutôt
procurez-moi le combat corps-à-corps avec le Navarrois.

— Ce n'est pas de cette sorte que je pratique l'hospitalité, et
avant d'arriver où vous serez, on me foulera sous les pieds.

Mémoires de Gabrielle d'Estrées.

1591.

Dernier héritier des prétentions ambitieuses des
Guise, chef d'une ligue que le fanatisme avait rendue redoutable, le duc de Mayenne, s'efforçait
vainement de combattre les droits légitimes de
Henri IV à la couronne de France. Les pertes qu'il
venait d'essuyer aux batailles d'Arques et d'Ivry,

l'avaient contraint de s'adresser au duc de Parme, qui, depuis plusieurs mois, le berçait de l'espoir de conduire à son secours une armée espagnole. Déjà grand nombre de ses partisans, las d'une guerre qui trainait en longueur, murmurait hautement des lenteurs que la force des événemens lui faisait apporter dans l'issue de cette guerre civile qu'il avait, sous un prétexte religieux, entreprise à son profit.

Dans cet état de choses, Mayenne s'était vu réduit à abandonner momentanément ses opérations militaires, à fin de parcourir la Picardie, province qui jusqu'alors lui avait été des plus dévouées, dans l'espoir de ranimer par sa présence, les seigneurs qui commençaient à se décourager. Rien n'était omis pour en venir à son but. Le moral des uns était relevé par de fallacieux discours, l'ardeur des autres stimulée par des promesses décevantes, tandis qu'il tachait de rallier à son parti catholique ceux dont la fidélité fluctuait entre les devoirs d'une opinion politique et les reproches d'une conscience timorée, ou de gagner par l'or que l'Espagnol lui prodiguait, ceux qu'il savait attachés de cœur au Béarnais, mais gênés en leurs finances.

Donc, cependant que Henri IV, campé devant

sa capitale, à laquelle il lui répugnait de donner l'assaut, disait plaisamment, tout en gémissant sur les horreurs auxquelles étaient en proie les assiégés qu'à juste titre il regardait déjà comme ses sujets :

— « A cette heure je suis roi sans royaume, mari sans femme, guerrier sans argent, et n'ayant rién à perdre, mais tout à gagner, je me battrai plus délibérement.... » Mayenne opérait, sans se voir inquiété, sa tournée par les villes ligueuses de St-Quentin, Laon, Soissons et autres.

Or, par un beau jour, comme il chevauchait par la plaine du Soissonnais, seul, pour ne donner aucun soupçon, craignant qu'il ne lui messarrivât de tomber aux mains des royalistes s'il menait un plus grand train à sa suite, il s'en vint heurter au manoir de Cœuvres, qu'il savait hanté par un brave capitaine royaliste de cœur et d'âme, mais appauvri par les guerres récentes : on le nommait Antoine d'Estrées, marquis de Cœuvres, et sieur de Valieu.

—Qu'est-ce?.. s'écria celui-ci, retenu en son châtel sous couleur de blessures au corps, mais bien plutôt à son épargne, dès qu'il aperçut le chef de la ligue. Duc, c'est trop d'honneur pour un gentilhomme comme moi, de recevoir un aussi grand capitaine, fut-il même de son parti.

—Marquis de Cœuvres, interrompit le duc, sautant de son plus leste à bas de cheval, ce qui n'était pour lui chose peu facile, vu son embonpoint outremeṣuré, trève s'il vous plait de ces propos dorés! aussi bien est-ce de trop haut penser de nous. Sur ma foi! m'est avis, que d'un brave capitaine d'artillerie à un lieutenant-général de France, la distance n'est si grande que vous voulez bien le cuider. Adonc, messire châtelain, baillons-nous sus et sus l'accolade fraternelle....

Et ce disant, le duc de Mayenne et le marquis de Cœuvres, devenus oublieux de leur haine de parti, confondirent leurs semblans d'amitié.

—Holà! mes filles, acclama le châtelain tandis qu'il menait à céans M. de Mayenne, dressez en hâte table et service : notre hôte nous pardonnera si ne lui faisons faire chère-lie. Misère-de-Dieu! il n'y a mie vergogne à en faire l'aveu quand la conduite est franche de tout reproche, mais la vie est dure et la pécune est rare par temps présent; aussi bien nobles et vilains s'en ressentent-ils!

—Oui-dà! sire châtelain, ce que dites là est fine fleur de vérité. Ce pourquoi par la double croix de Lorraine et mes trois merlettes! j'imagine que doublons marqués à l'effigie du roi Philippe ne sonneraient mal en votre épargne... Hein marquis?

Duc, reprit aussitôt celui-ci, en se faisant sévère de ton et de visage, la maison d'Estrées peut être pauvre en argent, mais elle est riche en honneur : faites-en état pour l'avenir !

Bien qu'il se vit fièrement repoussé de prime abord, Mayenne néanmoins, ne renonça pas à ses projets de séduction près du châtelain de Cœuvres, et esseya, mais toujours à son désavantage, de revenir à la charge. Il eut beau faire une belle dépense de paroles doucereuses, pour allécher son hôte et l'attirer dans son parti, le maître-ligueur en fut quitte pour les frais de langue. Propos d'amorce et promesses de leurre ne faisaient plus sur les esprits du sire de Valieu, que son d'écus d'or à son oreille.

Cependant qu'attablé, le duc poussait la tranchée bien avant d'un pâté frais, recevait en son écuelle viandes et ragoûts à ne dire jamais merci, qu'il emplissait sans répit sa bouche et son ventre, ce qui ne l'empêchait pas de lozanger la bonté des mets, dire les vins exquis, élogier la vénusté des filles, exalter le courage et le mérite de son hôte... Il se fit tout soudain un grand tumulte à la porte-d'honneur du manoir, tumulte ressemblant de loin à des piaffemens de chevaux et des clameurs de gens d'armes, que dominait par intervalle, la voix caverneuse de la porte, résonnant sourdement sous les coups précipités du heurtoir.

En peine des jours de son hôte, et tremblant qu'on
ne le surprit en sa compagnie, partant que telle vue
ne devint matière à débits mensongers et source de
jugemens téméraires, le marquis de Cœuvres, s'en
fut lui-même aviser qui menait au dehors tout ce
gros tracas. A peine sorti de la salle du banquet où
toujours besognait chaudement le gros Mayenne,
il y revint plus vite qu'il n'en était parti, avec une
figure bouleversée et un air piteux, pour avertir le
duc, que le roi Henri IV en personne requérait sus
et tôt l'entrée du châtel.

— Par le bienheureux Jacques Clément ! interjecta Mayenne, vous mentez-là serré, mon hôte,
pour me venir corner aux oreilles bourdes à dor-
mir de bout ! Quel croira ce ?.. Pas moi, j'ai idée.

— Par Saint-Antoine de Cœuvres ! messire duc,
foin de moi et de ma châtellenie si ne dis la vraie
vérité !

— Sainte ligue ! nieriez-vous d'aventure, qu'à
cette heure présente, l'hérétique Navarrois n'est
point posté en vue de Paris, et que Claudine de
Bauvillers, abbesse de Mont-Martre, ne lui fait pas
réciter les litanies d'amour, en attente qu'elle le
cathéchisme ensuivant le rite catholique... hein?

— Monseigneur, m'en croyez sur parole. Ne sa-
crerais par mon saint patron si n'avais apertement

avisé le roi par une barbacane, vous fie et certifie, lui et son long nez bourbonnien. — Or sus, qu'il vous hâte de mettre au plus vite vos jours en sûreté, autrement ne répondrai-je pas de l'avenir. Adonc, pourpensons qu'il ne vous reste grand temps à dépenser en pure perte, si n'ambitionnons pas d'éveiller les soupçons.

—Jarni-Dieu! s'exclama lors Mayenne, lachant bride à la plus belle des fureurs, et faisant prendre l'air à sa lame, le Béarnais ici!.. Ici le Navarrois!.. de grâce me l'admontrez! Sang de ligueur! moult me tarde bellement de lui tailler boutonnière à entrer mon épée jusqu'à la croix, pour la lui faire baiser de plus près! Par ainsi le rendrai-je catholique à son heure dernière. —Mort de ma vie! savoir l'hérétique tant proche moi et ne croiser pas nos lames, ainsi n'en sera-t-il, dà!

Puis se ravisant tout soudain, ainsi poursuivit le maître-ligueur.

—Ça! dites plutôt messire châtelain, ne serait-ce pas d'aventure embuscade à moi dressée en laquelle m'auriez fait choir, maugré les lois de l'hospitalité? Par le fil de ma lame! n'ignorez, j'imagine, ce qu'il advient à qui les trahit!..

—Duc, n'élevez aussi haut le verbe, interrompit brusquement le marquis, la fierté sur le front, ceci n'arrive pas à mon adresse ; ains pourpensez à vous céler au plus vite et ne faire pas cuider par temporisement plus ample, qu'il y a du louche en ma conduite... Que si onc le roi de France, ce dont je suis du tout ignorant, en veut à vos jours, retenez qu'admis céans au nom de l'hospitalité, saurai vous y défendre au péril de ma vie. A vous n'arrivera-t-on pas, avant qu'on ait passé dessus le corps du châtelain de Cœuvres, vous en baille ma foi de gentilhomme.

Et ainsi disant, pour le céler en toute sureté, et le garder des investigations et perquisitions que par cas fortuit pourrait bien faire et parfaire le roi Henri, le sire de Cœuvres, conduisit son hôte à une logette de pourceaux non hantée pour le moment. La retraite n'était pas des mieux choisies quant à la propreté et à l'odeur qu'elle exhalait, mais aussi des meilleures eu égard à la sureté. C'est pourquoi le duc, qui, à l'approche du péril, avait assoupi sa colère, laquelle montait ordinairement tout aussi vite que lait au feu et tombait de même, ne fit-il difficulté de s'y blottir de son moins mal, sauf son gros, gras, large et pansu ventre, lequel ne parvint à passer par l'entrée trop étroite, non sans torture, pression, écorchure et le demeurant. Tout aussitôt quoi, le marquis d'Estrées courut vite

à la porte qui ne cessait de retentir sous les coups
précipités du heurtoir, outre que les arrivans, las de
clamer, n'y allaient pas de main morte.

—Ventresaintgris! mon beau messire, fit le roi
Henri, en forme de Dieu vous gard', pénétrant en
de ça du châtel sans compagnon autre que M. Duplessis-Mornay, la place demanderait à entrer en
composition, qu'elle ne consumerait un plus long-
temps, m'est avis, à pourpenser aux conditions.

—Par là réforme! ajouta M. de Mornay, lequel
jalousait de longue date le châtelain de Cœuvres,
que si ne vous savais pas pur royaliste et franc ennemi de la ligue, messire de Valieu, pour ma part,
nourirais quasi suspicion, que recélez céans d'aucuns des partisans qui ne portent nos couleurs. Mogrebleu! que se brasse-t-il donc en cette gentil-
hommerie?

—Messire, lui fit réponse tout à plat le marquis
de Cœuvres, rien de contraire à la loyauté ou d'indigne d'un gentilhomme français, en plus royaliste,
notez ça en votre souvenance. — Mais, sire, qu'il
vous plaise, de grâce, m'octroyer pardon de vous
avoir fait ainsi expecter ne plus ne moins que simple vilain... acheva-t-il en balbutiant; n'étant trop
rassuré à la vue d'un gros de lansquenets faisant
escorte au roi, et demeurant rangé en ordre de bataille en dehors du manoir.

—Morbleu! mon compère, riposta le roi, à l'avance l'avez obtenu. Mais dites-moi donc, d'où provient que jouez l'interdit à mon approche comme si en étions à notre prime entrevue? Ne sommes ce pourtant amis d'hier... hein?

—Sire, n'attribuez qu'à la votre apparition, faite du tout à l'improviste, et non à motif autre, vous ressuplie de le cuider, le mien ébahissement. Et comment n'être pas ému en présence soudaine d'un si grand et bon roi qu'est votre majesté!

—Assez! brisons sur ce propos, mon capitaine, n'ai besoin de plus amples explications de votre part, voire est-ce jà de trop, pour être acertainé de la votre fidélité à l'encontre de notre personne: est-ce pas vérité?

—Sire, il se fait jà un long temps qu'entre vous et moi, c'est à la vie à la mort!

—Adonc topez-là, mon brave, fit le roi, tendant sa main au-devant de la sienne et la secouant fortement : par la morgaine! sacra-t-il, «je tiens le sang picard pour vraiment gentilhomme. »

—Mais sire, s'enquit après quelques propos échangés, le châtelain, qui commençait à se raffermir, et à ne trembler plus pour les jours de son hôte qu'il s'imaginait de prime abord avoir été trahi, serait-ce de trop vouloir en connaître, que de vous demander le pourquoi qui vous a fait déserter vos campemens par devant Paris, et m'a procuré ainsi l'heur de vous recevoir en m'a châtellenie.

—Nenni-dà! messire. Voyez-ci le fait. A moi, fut baillé tantôt l'avisement, que notre gros cousin Mayenne battait seul en ce moment-ci le pays fromentueux du Soissonnais, vaguant de manoir en châtel, à cette fin de s'assurer de ses féaux ou soi-disant tels, et mettant tout en œuvre pour se créer de nouveaux partisans. Ai-je été bien instruit.... dites?... acheva le roi tout en gravissant les degrés du perron et fixant le marquis d'un œil interrogatif.

—Foi de d'Estrées! je ne cuide la nouvelle dénuée de fondement, répondit net et franc le châtelain, lequel après l'ouïr de la question du roi n'était plus trop rassis. Ça, nourrissez-vous au moins l'espoir de le dépister?

—Nous pensons être sur sa voie et le serrer de près... —Oh! eh! continua le Béarnais, où donc nous menez-vous Duplessis et moi?.. A la salle d'apparat si point n'ai la berlue! Ventre-Dieu! à moins que n'ayez vertus et mérites d'enchanteur, à celle fin de la métamorphoser par trois paroles de grimoire en salle de banquet, serions mieux en cette dernière, j'ai avis? Qu'en pensez de Mornay?..

—Par la sainte bible! sire, après dix et sept

lieues de traite sans débrider, la chose ne demande à être délibérée, que je crois.

Le marquis de Cœuvres voyant encore une fois qu'il n'en était rien de ses appréhensions, fit alors un bel approvisionnement de rassurance, et se hâta de conduire le roi et son compagnon de voyage à la salle de festin.

—Vive-Dieu! mon hôte, s'exclama Henri IV mettant le pied dans la salle et jouant l'étonné, il appert par le dessert que j'avise sur table, qu'étiez en train de festiner. Sur ma foi! c'est arriver à point. Ce pourtant avec votre permis, Mornay et moi, nous reprendrons les choses de plus haut, à commencer par le potage.—Mais sont-ce là, messire châtelain, mes damoiselles vos filles? Amour-Dieu! comme elles sont jà trétoutes belles et grandelettes...

—Sire, du moins elles portent le nom de d'Estrées, fit naïvement le père.

—Lors, eu égard au mérite de votre sang et noblesse, m'octroyerez bien la faveur, mes mignonnes, de vous bailler le baiser d'amitié, est-ce pas?.. ajouta le galantin monarque en relevant sa moustache grise, et sans attente du « oui » les accolant aussitôt à deux et trois bonnes reprises sur le front et sur la bouche, avec des lèvres à toujours affriandées de baisers amoureux.

—Mais, ce n'est là tout votre monde, fit-il, ce achevé ; me suis laissé conter, qu'aviez quant aux filles completé la demi-douzaine, et qu'une d'entre elles, sur toutes, passait les dames en venusté supernaturelle, tout autant qu'un paon l'emporte en plumage sur un geai.

—Voirement n'a menti, sire, cil qui vous l'a dit. Aussi, à parler vrai, j'entretiens bonne fiance de la voir à tantôt appartenir, par le fait des épousailles, à votre grand écuyer Roger de Bellegarde. Elle est appelée de nom de Gabrielle, et de bonnes âmes ont bien voulu y adjoindre icelui de *la Belle*, eu égard à ses grâces et mérites corporels.

—Morgaine ! me faites venir l'eau à la bouche et désir au cœur de la mirer et admirer. Dites ça, ne serait-elle céans par cas fortuit ?

—Non point pour le moment, sire. Il se fait jà bien un an qu'elle est retraitée chez un richard s'il en fut onc, s'intitulant seigneur de dix et sept cent mille écus, ayant à nom Zamet et habitant superbe hôtel sis à Paris.

—Sur mon âme ! par temps présent, le poste ne me semble être des plus sûrs ; et si m'en croyez, messire, lui manderiez en hâte de revenir sus et sus car ne sache pas encore que le sac d'une ville ait porté profit à femme ou pucelle. —Mais toujours attablons-nous et réparons des dents ce qu'avons perdu de la langue. A table Duplessis!

Et sur ce, Henri IV prit place à table avec son compagnon de voyage.

—Mogrebleu! fit-il soudain en promenant ses regards à l'entour de soi, et les reportant sur la table, si je sais bien nombrer, attendiez donc, mon hôte, un convive autre que moi ou M. de Mornay? J'avise sur table six couverts et n'énumère que cinq bouches ci-présentes.

—Pardine! C'est un gros seigneur qui s'en est bien vitement départi à votre venue, riposta sans malice une des fillettes, avant que son père soucieux du cas échéant ait pu répondre *ad rem*.

—J'entends, fit le roi avec accompagnement d'un sourire équivoque dont fit semblant M. d'Estrées de ne comprendre pas la portée, le gentilhomme était sans-doute un amoureux, voire un épouseur peut-être bien?

—Oh! que nenni dà! se récria dédaigneusement la petite. Par ma fique! foin d'épouseur tel! Aurait-il couronne et sceptre de France, que ne me soucirais d'avoir mari à si gros ventre et toujours soufflant d'ahan en son marcher, ne plus ne moins que bœuf à la charrue.

—Ça! mettez trève à vos dédains, petite, ordonnança le père en jouant des sourcils et portant une figure tout assombrie. Puis sur ce, s'approchant du Navarrois et saisissant l'idée qu'il avait jetée en avant, il lui coula sous ombre de mystère de la bouche en oreille le propos suivant. — Endà! vous ne failliez, sire; le quidam est un épouseur royaliste, et qui en crainte de tomber en un gros de ligueurs, comme il en est tant qui courent de par le pays, s'est bien vitement retraité par la poterne à l'audition de vos hommes-d'armes clamant et acclamant, de leurs montures hennissant et pennadant, n'ayant eu loisir en son trouble de prendre connaissance de vos couleurs.

Le roi Henri fit mine d'être content de cette explication telle quelle, et poursuivit à satisfaire son appetit, mangeant en buvant et buvant en mangeant, ce qui pour lui n'était obstacle à parler de ses victoires prochaines sur la ligue, et de sa prise de Paris sans coup férir.

— Cape de Béarn! fit-il soudainement à propos de bataille, d'où vient donc, mon hôte, que l'on ne vous voit plus à votre poste d'artillerie? Les votres navrures vous empêcheraient-elles encore de viser juste et de loger un boulet de fer rouge au ventre de Mayenne, en manière de tonne, comme artilleur préludant à la cible?

—Saint-Antoine! sire, fit réponse le marquis de Cœuvres avec un gros soupir, besoin n'est, je pourpense, de vous rafraichir la souvenance à l'endroit des journées de Coutras, d'Arques, d'Ivry et de tant d'autres, pour vous rementevoir ma fidélité à votre personne; c'est chose du tout connue de vous. Adonc, que si ne me revoyez à votre armée, déà! c'est que n'en ai le pouvoir...

Et il n'en dit d'avantage, ne voulant donner plus ample raison, de peur d'affliger le roi s'il lui disait en manière de reproche, que son épargne royale n'était fournie en espèces sonnantes, partant qu'il ne soldait assez ses capitaines pour qu'ils pussent suffire honorablement à leur train de guerre.

—Oui-bien! se récria le Béarnais qui n'était pas plus ignorant de sa position financière, que des talens stratégiques de son hôte, en attente marquis de Cœuvres, que soyez notre lieutenant-général de l'Ile-de-France, avons pourvu brave capitaine, à ce qu'un jour deveniez à l'instar de votre père, ensemble votre aïeul, grand maître de l'artillerie : aussi bien la charge doit-elle être héréditaire en votre famille tout ainsi qu'il en est du courage. Ce pour quoi voici un parchemin scellé à nos armes ès-quel sont griffonnées vos instructions.

Et ce dit, portant la main sous sa casaque militaire, le roi en tira une charte, par laquelle il faisait don au marquis de Cœuvres des revenus que rapportaient les impôts assis sur toute sa châtellenie, lesquels s'élevaient assez haut en écus.

—Ores qu'avons la faim apaisée, fit Henri, à l'adresse de son compagnon, cependant que le châtelain se confondait en remercimens et belles paroles de reconnaissance, messire Duplessis, le coup de l'étrier et en selle au plus vite! Il me tarde moult de tenir Mayenne en mon pouvoir. Combien que sachions être sur ses traces, le plus ardu est de l'appréhender. Ce pourtant est-il assez gros mon cousin, Dieu-merci!—Mais, fit demande le roi Henri comme par manière d'acquit, devant que d'outrepasser le pont-levis, serait-il duisant à notre hôte de nous faire visiter son manoir, le tout aux fins de juger par nous-même s'il est à l'abri d'une surprise et en état de soutenir l'assaut en cas de siège?

—Ça, oui-dà! le voyons tôt et bref, ajouta impérativement M. de Mornay, qui ne perdait aucune occasion de nuire au chatelain de Cœuvres.

—Sire, le moyen s'il vous plait, de dénier si petite demande à qui donne tant! répondit le marquis d'Estrées sans prendre en souci une pareille requête.

Et tout aussitôt prenant les devants, il se mit en devoir de guider ses deux hôtes par tout son manoir.

Tandis que lui et M. de Mornay avaient le pied hors de la salle, Henri, demeuré en arrière sous apparence de mettre à sec un fond de gobelet, parla bas à l'oreille de la fillette peu désireuse d'un épousé à ventre gros et gras, et le propos filé, s'en vint vitement rejoindre le sire de Cœuvres et son compagnon avant même qu'ils ne se fussent aperçus de son retard, tant chaudement animé était leur entretien.

Les voilà défilant par les galeries, longeant les courtines, parcourant les bastions, gravissant les plates-formes, passant en revue créneaux, barbacanes et meurtrières, élogiant le roi, la bonne tenue de la place, et ajoutant souventefois en manière de compliment, maints propos honorables assaisonnés de jurons à sa guise, dont voici la substance.

— Par la morgaine! suis content, marquis! Après tant bonnes murailles, le rempart le meilleur du manoir, sacrebleu! est sans conteste aucun le courage du commandant.

Or, comme ils traversaient tous trois les cours, en s'entretenant de l'affront que recevrait M. de Mayenne, en cas qu'il se présentât un jour devant

une telle forteresse, à la tête de son armée espagnole à venir, ils advinrent comme par hazard en
une cour retirée tout près de la porcherie où était
embastillé le duc, plus mal à l'aise que n'est patient
à la torture. Aussi le capitaine d'Estrées qui l'entendait geindre et marmonner, voulait-il tirer droit
vers un autre point. Las! il avait beau faire, mal
sort s'emblait s'en mêler. Plus il faisait d'effort pour
passer outre en sa course, plus aussi le roi s'obsti-
nait à le brider en son ardeur, en le tirant par son
pourpoint et s'arrêtant à la guise d'un verbiageux
en son promener.

— Ventresaintgris! messire, fit celui-ci rompant
tout soudain le fil de son discours, sommes-nous
donc espionnés en nos dires et propos, que j'entends haléner et souffler comme un quidam qui nous
suivrait en retenant son souffle, de crainte de soi
laisser découvrir?

Le châtelain en grand émoi d'esprit à une pareille question, fit ainsi réponse de son mieux:

— Sire, à tel bruit ne prêtez nulle attention, le
sujet n'en vaut-il pas la peine; ai vergogne de vous
le confesser, mais nous sommes jouxte une porcherie.

— Qu'est-ce! des habillés-de-soie en ce réduit, lardonna sus M. Duplessis-Mornay. Par la réforme de

Calvin! sont-ils donc travaillés de la maladrerie, pour outrepasser l'huis de leur hôtel, où demeurerait assurément engagé le ventre du gros Mayenne! Qu'en dites, messire?..

— Que si le duc était là pour vous ouïr, peut-être bien vous porterait-il rancune à vie, pour ainsi l'accomparer à porc en sa porcherie!

— Qu'il m'entende ou ne m'entende pas, que me chaut-il? Sacre-et-Dieu! que si onc il m'écheait d'en faire la rencontre, lui promets saignée à parfaire boudinailles de quoi nourrir toute une semaine, les satanés ligueurs de Paris qu'il laisse trépasser de la malefaim, s'ils n'ambitionnent de se répaître de pain où poudre d'os de morts entre guise de fleur de farine.

— Et moi, dit Henri, toujours la marche suspendue, que si Mayenne était là pour ouïr et faire réponse à mes propos, lui dirais franc, que s'il entendait bien mener ses intérêts, il n'aurait vergogne de suivre mes conseils : à savoir, de mettre bas les armes, et ce, non demain, ains aujourd'hui même; moi ne mieux demandant que de le recevoir à bras ouverts, me sentant très idoine à fraterniser avec lui, d'abondant à l'aimer en vrai cousin, la guerre civile de cette sorte mise à néant.

— Ains aussi, surenchérit M. de Mornay, que

s'il ne le faisait pas, moi le suaderai de ne se laisser prendre pas les armes en main, car pourrait-il bien lui en cuire, le cher duc. Faire la montre à la croix du Trahoir et de là aller servir de pature aux corbeaux de Mont-Faucon, ne sont aiguillons d'ambition, j'appréhende!

En entendant un tel colloque, le sire de Cœuvres plus mort que vif, avait l'air d'un homme qui marcherait sur des épines, et tremblottait comme un oiseau sur la branche, par un temps venteux. Ce que voyant, riotait bel et bien en sa barbe le roi Henri. Finalement prenant en pitié l'air perplex de son hôte, et jaloux de l'affranchir de tout souci, il fit signe à son compagnon d'accélérer un peu sa retraite, si bien qu'ainsi cheminant toujours en discourant sur la même gamme, ils se trouvèrent rendus au pont-levis où les attendaient leurs hommes-d'armes. Après des remercimens baillés à leur hôte de l'accueil à eux fait, et de sa parole donnée de le voir dans peu de jours à son poste de guerre, Henri IV et Duplessis-Mornay s'élancèrent en selle, et après de nouvelles bonnetades, jouant des éperons, ils prirent un train de galop sur la chaussée de Soissons.

Ceux-ci une fois partis, la porte close, le pont-levis levé et la herse abaissée, le marquis d'Estrées se trouva aussitot allégé comme d'un manteau de plomb qui lui serait tombé sur les épaules à l'advenue du roi et de son compagnon. Lors de suite courut-il leste à la porcherie, afin de libérer Mayenne, lequel avisant enfin le jour, ne faisait défaut de sacrer et maugréer à l'endroit de son hôte, pour l'avoir célé en un réduit tant fangeux et si fort emputané, encore à l'endroit de Henri IV et de Duplessis, pour être venus à la portée de son oreille, discourir sur ce qu'il avait à faire ou ne faire pas.

—Mon seigneur, en l'honneur de quel saint, s'il vous plait, toute cette sonnerie de gros mots, demanda le châtelain?

—Par l'arbre généalogique des Guise! me le demandez? eh! pour vous trétous, corbleu! Aussi, par le saint nom de Dieu! j'en fais-ci le serment, le premier qui me tombera sous la main, soldera avec usure pour les autres, foi de moi!

—J'ai soupçon, monsieur le duc, que parlez pour rire?

—Nenni dà! ains bien sensément, messire d'Estrées.

Et de telle sorte parlant, Mayenne, issu de moitié de sa cachette, ne pouvait ravoir son maître ventre arrondi de plus qu'à l'ordinaire de force

tranches de marcassin, croûte de pâté, ailes et cuis-
sés de volailles. De vrai! c'était pour lui martyre à
clamer haut que de se dépétrer d'une entrée tout
aussi étroite. — Ajoutez que ce faisant, le pauvre
duc suait, soufflait, criait à son ventre, et poussait
autant d'ahan que de holà! Ce pourtant il finit par
venir à bout de se retraire d'un pas aussi mauvais,
mais non pas sans peine et sans travail, mi se guer-
mentant, mi se colérant toujours à l'endroit du
Béarnais, qu'il trouvait coiffé de sottise, s'il le savait céans, d'avoir laissé envoler une si belle occasion d'en finir avec la ligue, encontre Duplessis-
Mornay, qu'il traitait d'outrecuidé pour avoir laché
les mots du Trahoir et de Mont-Faucon en parlant de sa personne.

—Duc, observa le marquis, de ce, ne poussez
plainte; notez au rebours, que si le roi Henri vous
savait proche sa personne, ce dont ne suis aucunement acertainé, de telle sorte agissant, il a parfourni à mon sens, preuve de magnanimité qui fait
des capitaines les mieux famés, petits enfants auprès de lui.

Et comme ils retournaient de compagnie au logis, devisant sur ce sujet, Mayenne, la main à son
ventre moulu et meurtri, criant à la colique et ne
comprenant pas encore comment Henri IV avait

pu le laisser échapper, voici accourir l'espiègle et
malicieuse fillette à qui le roi avait fait confidence
d'oreille au sortir de table, tendant droit devers
son père, et ainsi lui parlant haut.

— Ma petite, me fit bas le roi, de ma part dites
ça à monsieur votre père, moi départi, de ne recevoir plus dorénavant en son châtel, un maître
ligueur tel qu'est Mayenne, pour ce que même
chevance pourrait-elle bien ne lui échoir pas
comme à ce jourd'hui. Dites mêmement à l'adresse
de M. de Mayenne, que besoin n'était d'aller se
nicher en une porcherie, pour échapper à nos perquisitions, le roi Henri IV n'étant pas encore à savoir, comme un gentilhomme français doit prati-
quer l'observance des lois de l'hospitalité.

Quels à ce ouïr furent interdits? Faut-il le demander! Néanmoins, peu touché d'un tel acte de
générosité, Mayenne n'en était que plus irrité de
se voir vaincu en noblesse de sentiment tout comme
en hazard de guerre. Aussi, une main à la garde de
son épée, l'autre sur son gros ventre, jurait-il par
la sainte union et le sang de ses frères traitreuse-
ment occis aux états de Blois, haine éternelle au
Béarnais!

Après quoi, il demanda sa monture, se posa en
selle, et partit à beaux éperons labourant les côtes

de sa bête, tirant raide à l'opposite du roi et de sa troupe.

Quelques années après cette visite de Mayenne et de Henri IV au manoir de Cœuvres, le traité de Folembray était venu mettre fin à la guerre civile. Le roi, toujours bon envers les mal-traités de la fortune, et le chef de la ligue, devenu oublieux de ses sermens d'inimitié, repo-saient sur la même couche au châtel de Vaux-Buin, près Soissons. Ce fut là que le vainqueur donna de son bon vouloir au vaincu, en signe de réconcilia-tion, l'Ile-de-France à commander et la ville de Soissons comme siége de son gouvernement; et lui bailla en outre, en toute propriété, la châtelle-nie de Chevreux, comme une preuve d'oubli pour le passé et d'amitié pour l'avenir.

HEUR ET MALHEUR.

Les habitans du village de Puiseux, lieu situé au N. de Villers-
Cotterêts, sur le bord de la forêt, ont toujours été chargés de
payer annuellement au domaine du Valois, la redevance d'une
mine d'avoine par ménage et d'un fouage, espèce de gâteau, qui
est ordinairement appréciée deux sols.

L'avoine devait être rendue par les particuliers, aux greniers
publics ; le village entier chargeait le pâtre ou garde-bêtes, de la
porter à dos à sa destination. Ce domestique public, à son retour,
était traité dans la maison dont il avait acquitté la dette.

Histoire du Valois, par Carlier.

CHAPITRE PREMIER.

LE ROI-PATRE ET LE PATRE-ROI.

1593.

Le duc Roger de Saint-Lary de Bellegarde, grand écuyer du roi Henri IV, devenu momentanément oublieux des couleurs de la belle Gabrielle d'Estrées, sous lesquelles il servait en amour, les avait discourtoisement délaissées, pour se ranger sous celles un peu banales d'une des filles de la duchesse de Guise. L'histoire va jusqu'à dire des deux filles et de la mère.

Donc, s'estimant déliée du serment de fidélité, par les inconstances de son beau chevalier, à l'encontre duquel elle avait senti son cœur battre d'amour pour la première fois, Gabrielle, commença d'accueillir avec moins de froideur, les propos courtois que ne cessait de lui débiter le Béarnais. Son oreille ne fut plus aussi rebelle que par le passé, à n'ouïr pas les sermens amoureux que lui jurait sa bouche royale ; et, soit qu'elle fut subjuguée par l'assiduité du roi vert-galant, à ne rien négliger pour gagner ses bonnes grâces, ou soit qu'elle s'habituât à sa vue, l'amour fit disparaître à ses yeux, la teinte grisonnante des cheveux de Henri IV, et la longuenr démesurée de son nez, jusqu'alors double objet de répugnance pour elle. Bientôt la belle héritière des châtelains de Cœuvres, n'eut plus à opposer aux désirs passionnés de son nouvel amant, que sa faiblesse de femme. Elle céda... et la nuit de Noël qu'elle passa avec le roi en sa bonne ville de Mantes, réduisit pour toujours à néant les espérances du duc de Bellegarde.

Néanmoins, ce dernier avait en son pouvoir un talisman, qui, de gré ou de force, devait tôt ou tard lui ramener son amante devenue infidèle à son tour. C'était un contrat de fiançailles passé depuis longues années entre son père et celui de Gabrielle, scellé de plus du sceau du roi Henri III. Quelques mois à peine séparaient de l'époque déterminée pour les épousailles, et le grand écuyer de Henri IV, payant d'ingratitude les faveurs des Guisarde, songea à exiger impérativement l'exécution du précieux contrat qu'il avait entre les mains. A cet effet, manda-t-il incontinent au marquis d'Estrées, pour lors gouverneur de la petite ville de Noyon en Picardie, qu'il eut à remplir ses engagemens contractés avec son père : à savoir, « de contraindre sa fille Gabrielle, à le recevoir lui, duc de Bellegarde, à titre d'épousé, ensuivant contrat passé *ad hoc* au temps de leur enfance. »

Le vieux marquis d'Estrées, parvenu à un âge avancé, sans avoir faussé son serment de chevalier, aurait mieux aimé donner tête baissée dans une embuscade de ligueurs, et courir ainsi à une mort certaine, plutôt que de traîner une vieillesse entachée d'un parjure. C'est pourquoi adressa-t-il sur le champ une épître à sa fille, retirée alors au manoir paternel. « Tenez à souci de mener les affaires de telle sorte, y parlait-il entre autres choses, que ne sois pas traité de foi-mentie par un chacun ; autrement le sang de votre père pourrait seul laver pareille tache faite à son écu d'homme-d'honneur. »

Un pareil langage était bien de couleur à jeter l'irrésolution dans l'âme de Gabrielle. Aussi trouva-t-elle matière à réflexions, quand il fallut décider si elle se conjoindrait par obéissance à un chevalier qu'elle désaimait, depuis qu'elle le savait félon en amour, ou si elle continuerait à mener vie amoureuse avec un roi qu'elle adorait et dont elle était payée de retour. En cet état de perplexité, Gabrielle mit tout son espoir en la générosité de son premier amant. Elle détacha donc un de ses pages près de lui, avec une missive, où mettant son cœur à nu, et lui confessant son amour pour Henri quatrième, elle l'adjurait au nom de la chevalerie, de lui remettre le contrat de leurs épousailles, passé entre leurs pères, afin de libérer le sien de son serment. Bellegarde, malgré ses infidélités, ne sentait pas moins battre son cœur plus vivement, au nom seul de Gabrielle. Le souvenir de sa première passion, effaçait de sa mémoire celui de ses amours passagères, et le page de retour à Cœuvres, rapporta qu'il avait versé des larmes à la lecture de l'épître de Gabrielle.

Cependant, le grand écuyer ne se laissa pas abattre par cette mauvaise fortune, et avant de faire droit à la requête de Gabrielle d'Estrées, il voulut tenter au moins un dernier assaut pour battre en brèche ses rigueurs. C'est pourquoi désertant tout aussitôt le camp de Darnetal, où pour lors il besognait, il enfourcha un destrier, et chevaucha tout d'une traite vers le vieux manoir de Cœuvres, en espoir de fléchir la jeune belle châtelaine de céans, et de la détourner de sa résolution.

De son côté, Henri IV n'était éloigné du séjour de sa maîtresse que de quelques heures de marche. Le bon roi, contraint de conquérir son royaume ville-à-ville, poussait activement le siège de la Ferté-Milon, villette ligueuse en diable, sise en Valois, dont la garnison pouvait l'inquiéter beaucoup en poussant des reconnaissances jusques aux portes de Paris. Le Béarnais, ne passait aucun jour sans presser les travaux de l'attaque dont il avait repris la direction des mains impérites du duc de Biron, comme aussi sans écrire à la belle Gabrielle, quand il ne pouvait aller la voir, de longues épîtres d'amour qu'il ne manquait d'ordinaire de terminer par ces mots, en forme de Dieu vous gard'! « Vous baise, ma mie, les pieds par respect, les mains par amitié, et la bouche par amour. »

Néanmoins, Henri avait beau donner l'exemple et rallier ses gens-d'armes à son panache, dans les assauts qu'il livrait à la ville, les sorties que faisaient les assiégés, sous la conduite de Saint-Chamant, leur gouverneur, et les secours qu'ils recevaient du déhors, les entretenaient en leur rebellion. Le siège allait trainant en longueur. Il fallut donc renoncer jusqu'à meilleur occasion à emporter la place de vive force, et se résoudre à la cerner pour la prendre par famine.

Or, sur ces entrefaites, envie prit au Béarnais, tant fortement l'éguillonnait le Dieu d'amour, d'aller surprendre sa belle dame et maîtresse, qui, de son bon vouloir, s'était retirée seulette au châtel de ses pères, afin d'être plus rapprochée de lui.

Depuis quelques journées, on rapportait au roi que des compagnies de ligueurs tenaient les alentours, battant les campagnes jour et nuit, maraudant sans fin, et réduisant sans pitié le pauvre populaire des champs à ne manger son content, ce dont compatissait très fort le Navarrois, et le faisait sacrer vertement. Aussi l'entendait-on redire à de fréquentes reprises :

— Ventresaintgris! la ligue une fois défunte, je veux voir ses funérailles festoyées, de par tout mon royaume, et ouïr mes sujets pousser des Noëls en guise de *de profundis,* en les allégeant d'impôts onéreux, et dégrévant les tailles.

Il est donc remarquable, que la traite de la Ferté-Milon à Cœuvres, bien que des plus brèves — une demi-journée de marche au plus — pouvait bien être des plus dangereuses à parcourir. Mais peu soucieux des risques auxquels il pouvait s'exposer chemin faisant, ne voyant au contraire dans les périls à courir, que piquant assaisonnement à l'amour, le passionné monarque, sans souffler le mot de son projet, même à ses familiers, de crainte qu'ils ne l'en détournassent par leurs prières et remontrances, leur enjoignit au rebours de le laisser seul en sa tente, sous couleur de dresser un nouveau plan de campagne. Là, il dévêtit en grand' hâte ses habits de commandant, et endossa la casaque d'un simple mousquetaire gris de ses armées. De la sorte accoutré, il se mit seul en marche à travers champs, dans la direction de la vicomté de Cœuvres.

A peine Henri IV eut-il marché quelques heures à travers les forêts qui hérissent cette partie du Valois, qu'il se reconnut égaré et réduit à implorer l'assistance du ciel, pour sortir du labyrinthe boisé, où chaque pas qu'il faisait, semblait l'engager plus avant. Or, comme il cheminait toujours, ne sachant quelle route prendre, la marche tant soit peu ralentie par son indécision, un rustre qu'il avisa au loin, ployé sous le faix d'un sac de grains et bâté comme un âne allant au moulin, lui fut d'un grand secours en telle occurence.

—Holà! hé! mon juvénil gars... houpa le roi de son plus fort, et jouant des jambes pour le regagner. Si tu n'es réformé, que Dieu et tous les saints du Paradis te soient en aide avec ton fardeau! Ains de grâce, me remets sus en ma voie, et tu ne perdras à ce faire, foi de moi!

—Ouais! et laquelle est-ce?... interrogea niaisement le rustre, mettant d'un coup d'épaule son sac à terre, et respirant à fond.

—Ventre-Dieu! le chemin le plus court d'ici à Cœuvres!

—Bé! vous arrépondrai, que si envie vous poinct, mon gentilhomme, de marcher le dos tourné à icelle châtellenie, passez outre en ce chemin, sinon me suivez un petit, et deux fois trois cents pas faits ensemblement, aussi vrai que suis garde-bêtes de mon métier, vous remettrai en voie brève et bonne, si bonne il y a par saison tant et tant calamiteuse de soi, de manière à vous rendre à destination, par avant l'heure du soleil couché.

—Adonc en avant, dit Henri IV, au jeune gars, après ce propos échangé, et allongeons des semelles, morgaine!

—Merci-Dieu! la chose vous plait à dire, mon beau sire; mais corne-de-bœuf! que si aviez assis dessus vos épaules, fardeau tout autant onéreux qu'icelui, n'auriez, j'en dresserais le pari à beaux déniers, la langue si leste et le jarret si dispos. Qu'en pensez?...

—Corbleu! qu'est-ce à dire?.. cuiderais-tu d'aventure, l'ami, qu'en vertu du sang noble qui coule en mes veines, n'ai vigueur au corps tout autant que toi... hein?

—Vrai-bot! à l'essai, parle l'adage, on arreconnait bon vin... et monture mêmement, que j'ai idée.

—Foi de moi! il ne sera dit qu'à ce faire, on m'aura incité vainement, riposta le Béarnais, riant sous cape du rôle qu'il allait jouer. Ains aussi à une condition, c'est que nous transmuterons de vesti-ture. Adonc à toi ma cape et mon capel! A moi ta saye et ton bonnet de tirctaine! proposa le roi, qui, en crainte de rencontre inopinée de ligueurs, voyait sa sûreté dans un semblable travestissement.

—Par mon cornet-à-bouquin! mon maître, sacra le villageois, pensant que son compagnon, de lui se moquait bellement en tenant un pareil langage, c'est pousser trop avant la gausserie, ce me semble. Il est bon de se gaber des vilains en face, ains aussi est-il dit qu'on ne doit pas insulter l'âne jusqu'à la bride, si ne veut-on qu'il se regimbe et, pousse force ruades et pétarades.

— Tout beau l'ami! tout beau!... ne sommes pas encore, j'imagine, à la Saint-Jehan d'été, pour que mouche bovine te pique à l'instar de grasse génisse, et te suade d'accueillir mes dires avec le rouge de la colère au front. A preuve que j'avance sans reculer, mogrebleu! c'est que voici jà ma casaque à bas, mon couvre-chef à terre, en plus, une pièce d'or à ton adresse.

— Par Saint-Fruscain et ses mérites! à moins d'être sorcier ou roi, le moyen s'il vous plait d'avoir escarcelle grosse de si belles pièces par temps si très dur?.. s'exclama le pâtre, tout ébahi et se signant bien dévotieusement à la vue de quelques pièces d'or, et ne comprenant pas la bonne fortune que devait trouver le roi, dans l'échange d'accoutrement qu'il lui proposait. Puis, voyant que le gentilhomme n'avait pas l'air de plaisanter, il ne se fit plus amplement prier pour troquer avec un grand merci en bouche, sa chétive vestiture de bouvier contre celle d'un mousquetaire, laquelle, bien que des plus simples, n'en paraissait pas moins superbe à ses yeux.

De telle façon accommodé, Henri IV demanda aide au pâtre, pour le charger de son sac de grains, et une fois dessus ses épaules, ils se remirent en marche tout en cheminant de compagnie.

—Eh! eh! beau sire, dit après quelques pas faits, le jeune garde-bêtes riant dans sa barbe, il m'appert à vous voir sudant comme en saison caniculaire, et soufflant en votre marcher, à la guise d'un bucheron ébuchetant son bois, que la charge ne vous semble des plus légères... votre avis?

—Mogrebleu! n'ai courage au cœur à te répondre par un démenti, répliqua Henri IV. Ça, dis à moi : as-tu loin à transférer icelle charge?

—Pardigues! la traite n'est des plus longues de Puiseux à Villers ; autrement dit, deux heures de marche. Ains aussi, avec les épaules grévées de tel fardeau, déà! c'est à y suer à grosses gouttes en plein janvier, le mois des froidures. A chacun an ce pourtant telle est ma besogne, alors que les troupeaux gitent au bercail, vu ma charge de garde-bêtes de la paroisse de puiseux.

—Te plait-il de me dégoiser, chemin faisant, le pourquoi de tel usage, demanda le roi?

—Oui-dà! mon beau sire, j'arrive au fait. Il est à savoir, qu'un chacun des ménages du susdit Puiseux, est contraint de s'acquitter, une fois l'an,

18

d'une mine d'avoine au duché de Valois, livrée,
rendue aux greniers publics sis à *Villers* dit *les
Cotterêts* par surnom. J'ai ouï conter aux anciens
du pays, que l'usance en remonte bien au-delà des
pères de nos pères. Jarnicoton! sans tourner à
blâme telle accoutumance, non plus parler à mots
couverts, il me duirait fort la voir mise à néant.
Ou mieux, au rebours de mettre les choses au pire,
voir la redevance rendue à destination par moyen
autre de transport que mes jambes et épaules, me
contentant de faire escorte par durant la route :
toutefois, sans que pour ce s'ensuive l'abolition
du souper, qu'au rattourner au village, chacun ménage pour lequel je fais par le présent la bête de somme, est forcé à m'offrir pour mes peines et labeurs.
Jarni-Dieu! dites vrai, maître, est-ce pas toute
justice qu'après tant pénible ahan, il me revienne
pour le moins quartier de chevreau ou brebiette
arrosé de petit clairet, et de plus assaisonné d'un
joyeux appétit?.. — Ores, mon gentilhomme, poursuivit le pâtre à qui l'allégeance du fardeau débri-
dait la langue, qu'avez à suffisance expérimenté
par vous-même, pour assavoir ce qu'il encoute aux
épaules de bésogner ainsi, et qui apparaissez à
votre cape, en ce quart-d'heure et ne sais à quelles
fins, séante dessus mon dos, appartenir à l'ost du

Béarnais, pourriez bien, je m'imagine, par un moment qu'aviseriez icelui de belle humeur, lui couler en l'oreille un mot à ce sujet et gagner qu'il en soit autrement?.. Ça, qu'en dites-vous?

—Cape de Bearn! la chose est moult faisable, riposta le roi ayant grand'peine à refréner son sourir. Voire, sois acertainé bonhomme, que ne perdrai ta requéte de remembrance. A défaut de ta vue pour me la recorder, morbleu! mes épaules m'en rafraichiront la mémoire, n'aie de doute à cet égard. Mais conte-moi, te sens-tu porté d'amour à l'endroit du roi Henri le quatrième?..

—A parler franc, arrépondrai couci-couci...

—Diantre! reprit le roi, pourrais-tu me dégoiser la cause de ton indifférence? J'estime qu'il n'a onc été cause de damn' à ton égard.

—Sinon lui-même en personne, les siens dumoins, qui vivent à nos dépends. Ce n'est tout encore; viennent les ligueurs, race endiablée n'ayant ne foi ne loi, et nous rançonnant, nous autres pauvres hères, sans merci ne pitié. Misère-et-corde! pas un dénier vaillant en notre boursicot qu'ils ne prélèvent à leur profit. Pas un quartier de lard séant en nos huches sur lequel ils ne fassent main basse. Vrai-bot! c'est à maugréer le saint nom de Dieu et à sacrer par le Diable. Là! là! à qui s'en prendre de tout ce , sinon à l'hérésie du Béarnais , je vous fais question?

,—Va! brave homme, reprit le roi, mets sur ma parole ton espoir en l'avenir. Encore un petit de temps de souffrances écoulé, et t'en baille la promesse, il ne sera plus parlé de la ligue que dans le passé. Lors ne verra-t-on plus en France qu'un seul et même parti, ambition de tous les faits et pensemens du Béarnais. Puis, règne le roi Henri IV° sans troubles ne dissensions, et la poule-au-pot t'échèra une fois par semaine, t'affie.

—Brrrr! fit le rustre en hochant la tête, et grimaçant des babouines en manière d'incrédulité. Ce pourtant, que le Dieu bon vous entende, se ravisa-t-il! Par mon cornet-à-bouquin! messire, si onc il advient ce que venez de débiter, clamerai lors à tue-tête «à bas la ligue!» et pousserai des «vive le Béarnais!» issant du fond du cœur… foi de moi!

Ainsi cheminant de concert, devisant idem, Henri-quatre et le pâtre de Puiseux arrivèrent sur ces propos, à une embranchure de chemin, où le manant dit à son compagnon, qu'il eut à déposer son sac à terre et prendre à sa gauche, pour couper au plus court et se rendre plus brièvement à sa destination.

—Ouf! fit le roi Henri, sans se faire répéter une deuxième fois, et d'un revers d'épaule se débarrassant de son fardeau.

—Bravo! maître, c'est à faire à vous, parla sans gêne le pâtre, avez fait la route sans vous anonchalir de trop. Ores savez ce qu'il en coute pour ainsi faire la béte de somme : ce pourquoi nourris bon espoir que n'enfouirez pas en oubli ma réclamation de tantôt...

—Sur mon âme, l'ami, la trouve en tout point digne d'attention, et compte que m'en ramentevrai à temps; de ce t'en donne ma parole. Adonc voici la voie, qui, d'après ton dire, me rendra à la châtellenie de Cœuvres; la tienne est à l'opposite; sur ce, bon courage!.. — Ains par avant que de marcher dos à dos, un avis à toi! Que si d'aventure il t'échéait, chemin faisant, d'aviser un parti de ligueurs, tu les arreconnaîtras à la croix rouge qu'ils portent dessus le côté sénestre de leur casaque, aic cure de tenir bouche close sur ma rencontre, pour ce que pourraient-ils bien galopper sur mes traces, les déloyaux, avec l'ardeur d'une meute canine sur voie d'un cerf dépisté. Après quoi, pourras-tu te jacter au village, qu'il t'est advenu en cettui jour un heur que plus d'un de tes pareils ambitionnera, à savoir : que cettui-là qui te mercie de ton obligeance par un grand Dieu te gard' mon juvénil gars, et ventre-saint-gris, le roi Henri quatrième en personne.

Ce dernier mot agit sur les esprits du manant à l'égal d'un coup de tonnerre. Il se passa quelques minutes durant lesquelles il demeura bouche béante, œil fixe, ne sachant pas s'il ne devait point au nom de Henri IV se jeter à genoux, se signer bien dévoticusement et marmotter ses patenôtres tout comme au bril d'un éclair. En apprenant que celui-là, qui venait sans plus de façons, d'échanger ses habits contre les siens, troc pour troc, et porter son sac sans plus ni moins de mines que s'il était son égal, était le Béarnais en personne, il suspecta un instant s'il avait les sens bien rassis, et ne revint de ses doutes qu'en se voyant accoutré en vrai mousquetaire gris de l'armée royale, et en avisant à œil bien ouvert la pièce d'or à lui baillée, sur laquelle brillait en relief la pourtraiture du roi Henri. Honteux de son bavardage, il voulut s'élancer à la suite du monarque pour se jeter à ses pieds, et implorer de sa clémence le pardon de ses écarts de langue. Mais la vergogne lui figea le sang aux jambes, en voyant le roi Henri déjà loin, et poursuivant chaudement sa route avec un amoureux refrein aux lèvres.

Ce que voyant, le garde-bêtes de Puiseux re-
chargea de plus belle son sac sur ses épaules, lequel,
après tant bonne aubaine, ne faillit à lui paraître
beaucoup plus léger que d'habitude.

Or, comme à quelque temps de là, il recommen-
çait le même métier, sans pour ce rencontrer si
bonne chance en route que par le passé, certes ce
ne fut pas pour lui mince surprise, quand rendu tout
hors-d'haleine à Villers-Cotterêts, il apprit de la
bouche du bailli de céans, qu'il n'eut plus à se sou-
cier d'apporter aux greniers publics du Valois la
redevance d'avoine des habitans de Puiseux; qu'à
ce transport, avait pourvu le roi Henri-quatrième,
en l'envoyant quérir désormais au village même,
à l'aide d'une charrette.

— Madame, dit Bellegarde se traînant à mes genoux qu'il baisait, Gabrielle, ma chère mie, mon épouse...!

— Monsieur de Bellegarde, répartis-je troublée et marrie de ces
grands éclats, ces noms appartiennent à mademoiselle de Guise
et ces beaux semblants de caresses encore d'avantage.

Mémoires de Gabrielle d'Estrées.

Henri IV venait visiter la belle Gabrielle durant le siége de La
Ferté-Milon. Ce prince, se dérobant à toute sa cour et même à ses
gardes, traversait, sous un simple déguisement, la forêt et les
postes des ligueurs, pour arriver jusqu'au lieu habité par l'objet
de ses plus vives amours.

Brayer-Beauregard.

CHAPITRE DEUXIÈME.

DEUX AMANTS POUR UNE MAÎTRESSE.

Cependant Henri IV ne tarda pas à se reprocher de n'avoir pas conservé l'incognito près du pâtre de Puiseux. A peine quelques pas faits, il craignit une trahison, en apercevant tout-à-coup dans le lointain une compagnie d'hommes-d'armes que la distance empêchait de reconnaître sous quelle ban-

nière elle servait, courant à bride avalée et poussant une reconnaissance active. C'est pourquoi afin
de se garder de toute surprise, fortuitement averti
par le cliquet d'un moulin, qu'il n'était pas très
éloigné d'une habitation, le roi hâta le pas en se
dirigeant vers elle, et s'y réfugia en demandant à
troquer son accoutrement contre celui d'un garçon
meunier. Ainsi travesti une seconde fois, l'amoureux monarque se remit en route sans perdre de
temps, et chemina lestement, éperonné par le désir de voir sa belle maîtresse. Mais tandis que per-
dant de mémoire sa traite de quelques heures, il
accélerait le pas au fur et à mesure qu'il s'approchait du vieux manoir de Cœuvres, son grand
écuyer, le duc Roger de Bellegarde, accouru du
siége de Darnetal, avait déjà franchi le pont-levis
du châtel, et s'était fait introduire dans la chambre
de la jeune châtelaine, Gabrielle d'Estrées.

Il la trouva sous le prestige d'un rêve tout de
volupté, rêve d'ange! Demi renversée avec non-
chalance en un large pliant à dossier, sa tête était
languissamment inclinée et ses lèvres impression-
nées par un sourire extatique. Les boucles de sa
blonde chevelure, échappées d'une toque de velours, retombaient négligemment sur ses blanches
épaules et ne contribuaient pas peu à donner à sa

physionomie une expression divine. On eut cru voir une tête de vierge, telle que Raphaël a su en créer. Ses deux mains, jointes et ramenées sur ses genoux, serraient étroitement un blanc parchemin : c'était sans-doute la dernière épître de son royal amant. A la voir aussi calme, aussi reposée, on l'eut dite dans un de ces momens, où recueillie dans de molles rêveries, une jeune fille s'assoupit bercée par de riantes idées d'amour.

A cette vue, Bellegarde suspendit sa marche, et se surprit muet sur le seuil de la porte, en contemplation des charmes de la belle Gabrielle. Ainsi pendant quelques minutes, il fut assez maître de son impatience pour l'admirer en cette pose. Jamais il ne l'avait vue si digne du surnom que lui avaient acquis ses attraits. Mais estimant son bonheur acheté à une trop rude épreuve, et n'ayant point le courage de respecter un plus long-temps son état de somnolence, il s'approcha d'elle, et, mettant courtoisement un genou en terre, il s'empara de l'une de ses mains qu'il couvrit de baisers, ajoutant :

—Belle, réveille-toi à ma parole, c'est Bellegarde qui t'en prie! Gabrielle!.. Gabrielle, ma dame!..

Rendue à la veille par l'impression des baisers

brulans, dont le passionné Bellegarde n'était pas avare, Gabrielle se prit à soulever ses blanches paupières. Son regard était vague encore, et ses idées indécises comme au sortir du sommeil. Elle ne reconnut pas Bellegarde. En un pareil moment, la vue d'un chevalier à ses pieds, faisait vaciller sa pensée entre le doute et la réalité. Peut-être s'imaginait-elle être encore sous le prestige de son rêve. Mais la voix de Bellegarde, qui ne cessait de lui prodiguer de doux noms que l'amour lui mettait sur les lèvres, firent bientôt évanouir ses douces illusions et rendre à ses esprits toute leur vitalité.

—Quoi! Bellegarde ici!... Trahison et félonie! s'écria Gabrielle tout d'abord, est-ce bien vous, messire chevalier, ou bien votre ombre?.. Las! mes yeux ne faillent donc point! vous à mes pieds... Oh! plutôt rêve que réalité! acheva-t-elle en détournant la tête pour ne pas rencontrer le regard de son premier amant.

—Oui-dà! chère dame, fit réponse le duc, c'est moi, votre ami d'enfance; moi, votre chevalier d'amour; moi, votre promis en épousailles, accouru tout exprès de Darnctal, à cette seule fin de vous voir, de vous dire combien toujours vehémentement vous aime. Adonc, prenez fiance en la réalité, ce n'est rêve du tout. Licsse-d'amour! Gabrielle, est bastant sur ma foi! d'être un petit à vos côtés, pour perdre sus de remembrance traite de ne sais quantes lieues, insomnie, fatigue et le demeurant!..

Et comme pour attester la vérité de ses propos, l'amoureux duc qui n'avait pas quitté la main blanchette de la belle châtelaine, la portait tour-à-tour de son cœur à sa bouche. Mais ses courtoises paroles ne produisirent pas sur Gabrielle l'effet qu'il en attendait; car celle-ci se releva aussitôt de son pliant et arracha sa main des lèvres de Bellegarde. Puis, composant son visage qu'empourprait une visite aussi inattendue :

— Merci-Dieu! messire, fit-elle, refrénez à ma prière tous ces beaux semblans d'amour, et de plus, éteignez ce grand feu d'enthousiasme; aussi bien n'est-il plus de saison.

— Par mon épée de Bellegarde! n'avez toujours tenu tel langage, j'ai avis? dit le grand écuyer se relevant à son tour.

— Possible est, duc; c'est qu'aussi les temps sont changés et sentimens mêmement.

— Appelez-vous cela tenir vos promesses? demanda Bellegarde de son plus haut.

— Messire chevalier, besoin n'est, je pourpense,

de lever ainsi le verbe, fit remontrance Gabrielle. Grâce au ciel! le mal de surdité ne m'afflige pas encore. — Mais revenons à votre propos. — Il est à noter que m'accusez de ne tenir pas mes promesses! Et à ce faire quel m'a amenée?.. Messire, m'en croyez, n'ayons ni l'un ni l'autre à l'avenir remembrance du passé : entre nous, l'amitié a détroné l'amour.

A quoi ne faisant réponse directe :

— Foin de toutes ces mines et de tous ces dits dont n'ai que faire, murmura Bellegarde qui était loin de s'attendre à une réception aussi peu avenante! Adonc, aménisez sus votre visage à mon endroit, et faites-vous moins froide à l'égard de ma passion incandescente. — Ça, dis moi, belle rancunière, poursuivit-il, ne cuide pas ébranler mon amour par celui que tu portes au Béarnais! Voirement ta vue fait trop palpiter mon cœur pour qu'il en soit ainsi. Ce pourquoi d'après ton dire, perdons remembrance du passé pour ne songer plus qu'à l'avenir, et avant tout que notre devise soit : « Jouissance du présent. » Or donc sus et tôt, ma belle, l'accolade en bon an, bonne étrenne.

— Fi de tel langage pour le quart-d'heure messéant en votre bouche, dit Gabrielle en reculant de trois pas en arrière pour se garer des gestes de Bellegarde! Or sachez, beau sire, que depuis tantôt trois mois, suis conjointe par amour au roi Henri IVe, votre maître, en attente que le sois par serment de mariage. Ce pourquoi faites état, que l'aimerai tout aussi conjugalement, étant sa dame pardevant le dieu d'amour, que son épousée par-devant l'autel catholique. — Au demeurant, trève de vos propos d'amour! est-ce à dire qu'avez jà rangé en oubli votre ultime passion?.. Mademoiselle de Guise serait là présente pour vous ouïr, qu'elle ne dirait — merci — je pourpense.

La froideur que Gabrielle ne cessait d'opposer à la passion de Bellegarde, avait commencé d'abattre ce dernier. Cependant croyant que les faveurs des filles de la duchesse de Guise, qu'il avait recherchées en ces derniers temps, étaient le seul motif qui avaient pu faire oublier à la jeune châtelaine de Cœuvres, ses premiers sermens d'amour, il espéra la voir y revenir en lui rappelant à son tour les inconstances de son royal amant. C'est pourquoi, se prit-il à lui demander si elle estimait que le Béarnais n'avait jamais été volage dans ses affections... La passion qu'elle ressentait pour Henri IV, était devenue trop vive pour qu'elle ne l'excusât point sur ce chapitre. D'ailleurs ne la connaissant pas encore, disait-elle, il ne pouvait donc encourir ses reproches à ce sujet.

Bellegarde, voyant qu'il ne réussissait point par ce moyen à détacher Gabrielle de son nouvel amour, essaya alors d'ébranler la confiance qu'elle pouvait avoir dans la fidélité du roi, lui disant :

—Déà ! et quel vous dit qu'en ce moment-ci d'aventure, il ne jure pas à tout autre qu'à la châtelaine de Cœuvres, le doux servage d'amour, à l'instar des plus beaux temps de la chevalerie? Que si ai bonne souvenance, Gabrielle, la meunière d'Attichy, est peu distante du manoir de Cœuvres...

— Messire, interronpit Gabrielle d'Estrées, pour vous arrépondre, à moi siérait à juste titre de parler haut en tel quart-d'heure. Or, sachez que mon cœur me suade de prendre vos dires en doutance, et tenez-vous en garde que ne vous force à en venir aux preuves. Avec moi, n'est-on pas foimentie impunément. De ce, conservez-en note pour l'avenir.

—A mille lieues de moi, belle, de vouloir distiller le venin de male bouche, mais que si besoin requérait de dire les noms, n'en serais en peine, dà !

— Duc de Bellegarde, ne poursuivez plus avant, vous conseille ; suspendez au plus vite votre langue sur ce chapître, si ne soulez que vous fasse comparoir en cour de parlement comme fourbe à l'endroit du roi et justicier comme tel !

—Ça, oui-dà! brisons le propos et par le souvenir de nos amours, à quand serez-vous mienne, dites?.. N'arrépondez pas... Mort ou vie! la votre réponse décidera ce pourtant de mes jours : —à tantôt ou jamais?...

—A défaut de ma bouche, messire, l'écho de cette salle a répondu : — jamais.

—Nenni Gabrielle, mon oreille n'a rien ouï. A quand nos accointances en noçailles?.. Faites état de mes regrets, prenez en compassion mes larmes et soupiremens; de ce, vous en requère genou en terre, prière en bouche, sanglots au corps et le cœur gros d'amour ensemble de repentance.—Pitié et merci! Gabrielle, mets en oubli le passé pour ne songer plus qu'à l'avenir. Pardonne-moi eu égard à mes regrets du tout sincères, dis?.. Pardon sied à si belle bouche, mon ange!..—Quoi! pas un mot d'espoir pour relever mon âme chue en cettui déconfort?...

Et sa voix, et son regard, et ses gestes, et toute sa personne requéraient pitié et pardon.

—Nenni, duc, nenni! Force m'est de ne le pouvoir faire, dit Gabrielle, la voix larmoyante, et se voilant la figure de ses deux mains pour étouffer ses gémissemens et ne pas laisser voir ses yeux humides de pleurs. Messire de Bellegarde, pas tant d'éclats d'amitié, et de grâce déportez-vous de tel amour... Que si souhaitez m'être agréable, déchargez donc mon honoré père de son serment, en remettant entre mes mains le contrat de nos fiançailles scellé aux armes du roi Henri IIIe, duquel sans doutance vous vous êtes fait porteur.

Ces paroles échappées à Gabrielle à travers ses pleurs, firent tressaillir Bellegarde. Durant quelques secondes, il la regarda fixement, espérant avoir mal entendu. Puis, comme s'il comprenait trop bien à son silence, le sens de ses dernières paroles, sa tête s'inclina, et il porta la main à ses yeux, pour y essuyer une larme qui s'y était furtivement glissée. Il demeura ainsi quelque temps, absorbé dans ses réflexions, comme un homme qui rêve. Il avait compté sur ses aveux de repentir pour toucher Gabrielle, et l'idée qu'il n'avait pu émouvoir sa compassion, le poignait et le torturait cruellement.

Malgré son inexorable rigueur, Gabrielle était touchée néanmoins de l'état d'abattement de Bellegarde. Elle comprenait sa douleur, la partageait peut-être intérieurement, à en juger par ses larmes, et pourtant elle n'avait la force d'y compatir ouvertement. Elle était retombée sur son siège, brisée par les efforts qu'elle avait faits pour concentrer au-dedans d'elle-même son émotion qui avait fini par éclater en sanglots. Puis, si par intervalle elle élevait la voix, c'était pour engager Bellegarde à la prendre à son tour en pitié en se retirant au plus vite.

Celui-ci, releva enfin sa tête lourde et brulante, puis, passant sa main sur son front, comme s'il lui restait encore une dernière lueur d'espoir de fléchir son amante, il reprit :

— Syrène ! tu attires par tes charmes et ta langue est un poignard qui occie. Te quitter alors que tu m'aimes encore?.. non dà ! A moi fut ton premier amour, Gabriélle, à moi aussi il appartient de bienheurer ta vie!.. — Que te faut-il?.. joyaux de Duchesse, beaux pages hutins à tes côtés, honneurs à l'infini, de la gloire dans ton époux?.. Dis « oui » et te salue incontinent duchesse de Bellegarde. Ce titre, j'ai avis, vaut bien icelui de maîtresse d'un roi, fut-il Béarnais... hein ?

A l'ouïr de cette proposition, la jeune châtelaine de Cœuvres, baissa la tête à son tour, croisa ses deux belles mains blanches et un long soupir fut sa réponse... Ce que voyant, ainsi continua Bellegarde après un moment de silence :

— A ta guise, capricieuse ! Pour toi je refuis la

cour du Béarnais. Pour toi je renie la faveur de mon roi. Pour toi je plie la voile au bon vent de la fortune. Tu me tiendras lieu de tout, tu seras mon joyau, ma gloire, ma joie, parle?.. Une châtellenie aux champs et toi pour épousée ; voilà mon paradis, n'en ambitionne d'autre.

—Nenni, Bellegarde, il me deult de vous le dire, parla Gabrielle au milieu de ses sanglots. A l'avenir mon amitié vous est acquise, comme mon amour l'est au Béarnais. — Ores videz ces lieux, si n'ambitionnez que ma trop grande indulgence n'engendre diffame et nuisance à l'endroit de ma personne. Notez, qu'ai fait serment au roi Henri, de ne vous recevoir onc céans. Ça, que penserait-il s'il venait à savoir qu'ai faussé ma parole? Adonc, que si encore ne me désaimez au point de me nuire, parfournissez-m'en la preuve, en me baillant sus notre contrat de fiançailles. J'en appelle à votre générosité, messire duc, est-ce à dire que j'aurais failli sur ce?

—A votre tour et pour l'ultime fois, parlez franc, Gabrielle, que n'ose plus appeler mienne. Que si un sentiment de pitié fait battre encore votre cœur, dites, ne moquez pas votre serviteur, ne faites fi de mes sermens, et me rendez votre amour.

—Vous le dis et répéte Bellegarde, ruez-bas toute espérance de brasser désormais un rapprochement; Henri quatrième a ma foi intacte, et pure la lui dois-je conserver.

—Rage et damnation! exclama lors Bellegarde, lachant la bride à sa jalouse colère. Adonc à lui le ciel, à moi l'enfer!.. L'enfer à moi ange maudit! criait-il sourdement, se meurtrissant la poitrine de ses poings fermés et frappant le sol du pied. Puis, tout comme s'il eut tenu à vergogne cet emportement, il se composa tout soudain une attitude plus calme et poursuivit de la sorte : —Mort et vie! ma dame, ores ne me reste plus qu'une grâce à impétrer de votre générosité, me la denierez-vous?..

—Parlez duc, fit Gabrielle, que s'il est en mon pouvoir de mettre à exécution la votre requête, sans faire tache à mon honneur, vous en baille à l'avance ma parole, la parfèrai de grand cœur.

—Lors oyez : ma dague est du tout fraîche émoulue. Recevoir la mort de votre main, serait pour moi chose duisante! Puisque me déniez l'heur en cettui monde, eh bien! libérez-moi de la vie qui m'est désormais pesant fardeau. Adonc, outrepercez-moi le cœur, et vous serai redevable d'un grand merci.

—Non duc qui me fûtes cher, à ce ne consentirai onc, fit la châtelaine. Reprenez sus et tôt la votre épée et la rangainez en son étui. Que si avez été félon en amour, est-ce à dire, pour ce, que l'avez été mêmement en honneur et vaillantise? Non déà! messire, et n'ayez cure que vous désaime et mésestime en tant que servirez loyaument le Navarrois votre maître.

Sur ces entrefaites, une voix chantant une ballade, se fit entendre en dehors du châtel, au pied même de la courtine sur laquelle donnait la verrière de la chambre de Gabrielle. Cette voix mêlait, aux paroles de sa chansonnette, le nom de la belle héritière des vicomtes de Cœuvres. C'est pourquoi, Gabrielle d'Estrées, en crainte de quelque surprise, s'élança leste à la fenêtre afin de s'assurer par elle-même de celui qui chantait de si jolies strophes d'amour. Mais combien ne fut-elle pas surprise quand au lieu d'un jeune et beau chevalier tout vergalant, séchant d'amour à son encontre, qu'elle s'attendait à voir, elle n'avisa qu'un rustre de meunier, portant un sac sur le dos et dégoisant à tue-tête sa chanson! Néanmoins à entendre la voix de plus près, elle ne semblait inconnue à Gabrielle. Prêtant aussitôt une oreille plus attentive, quel ne fut pas alors son émoi, en regardant avec plus de soin, de reconnaître sous le travestissement d'un garçon-meunier, le roi Henri IV, demi-courbé sous le faix d'un sac de grains et le visage tout blanchi de farine !

A cette vue, la belle Gabrielle déjà pâle au possible au souvenir de son serment, de ne recevoir plus chez elle le duc de Bellegarde, et portant ses idées sur l'angoisseuse position en laquelle elle se trouvait engagée, blêmit tout-à-coup à faire croire qu'elle allait trépasser sur l'heure.

—Pour Dieu ! messire duc de Bellegarde, fit-elle enfin rompant le silence, le moyen de nous engarder du courroux royal, s'il advient onc que Henri nous surprenne de compagnie? Sainte-Vierge ! il s'en va estimer mon honneur en dessarroi ; cepourtant j'en prends le ciel à témoin, ma conscience est du tout nette. Las! las! cuidera-t-il ce qui est?..— Bellegarde, au nom de notre amour passé et de notre amitié présente, me rendez le contrat et videz sus ces lieux, ores qu'il en est temps encore. Voyez-ci le roi jà le pied sur le pont-levis, les minutes sont précieuses, diligentez...

—Par ma foi! madame, je mire combien vous sied d'avoir tel parler en bouche, reprit froidement le grand écuyer, ramenant ses bras sur sa poitrine en forme de croix et toisant Gabrielle des pieds à la tête! Jour-de-Dieu! continua-t-il; ce durant qu'avais soif d'amour, m'avez rafraichi de poires d'engoisses, et il vous duirait à l'heure présente, qu'eu égard à votre compassion, je sois obédient à vos désirs... non 'dà! En m'enlevant votre cœur, le Béarnais m'a robé mon plus précieux trésor : voici venir le larron, ne suis-je pas en droit de lui en demander compte, si grand roi soit-il.... dites?

—Heur et malheur! s'exclama sur ce Gabrielle. Par la mémoire de votre père! messire, trève de reproches et menaces de telle couleur! Faites-vous plus généreux que ne le fus et me pardonnez... Oh! pitié! pitié! M. le duc. En crainte de malheurée, videz sus et sus ces lieux après reddition du parchemin... —Je crois ouir le marcher du roi par les montées... Ce n'est pas erreur... c'est sa voix... il n'est jà plus temps de fuir! —Oh! mon Dieu, prenez-moi en compassion!

Les instances pressantes de Gabrielle ne paraissaient émouvoir en rien Bellegarde; et pourtant les pas du roi, se rapprochant de la retraite de sa maîtresse, devenaient de plus en plus distincts.

—Que le Dieu bon et ma sainte patronne me soient en aide!.. se prit à dire la jeune châtelaine, les mains étroitement jointes, les yeux noyés de pleurs et élevés au ciel. — Que va cuider le roi Henri?.. ajouta-t-elle, comme celui-ci frappait à la porte de sa chambre.

Henri IV en réclamait courtoisement l'entrée, tandis que Gabrielle asséchant ses yeux larmoyans, raffermissant sa voix tremblante, réparant le désordre de son habillement, demandait excuse du retard en le rejetant sur sa toilette non encore terminée.

— Ventre-saint-gris! ma belle dame et maîtresse, dit alors amoureusement le roi, s'agirait-il par bonne fortune de chemisette à passer et beaux atours à revêtir?.. Que si ainsi est, foin de cérémonial tel! Ecrivez en votre souvenance que m'êtes non moins avenante en cornette qu'en toque à plumail. — Aussi bien, belle des belles, faites état que trouverai plaisance, foi de moi! à réduire dame pudeur en votre personne. Adonc un avis à votre adresse : un peu moins de coquetterie, un peu plus d'empressement.

Elle allait ouvrir... quand une idée soudainement éclose en son esprit vint suspendre sa marche. Se tournant vers le grand écuyer devenu perplex et rêveur en un angle de la chambre;

— Au nom du ciel! dit-elle, la voix suffoquée par ses sanglots, prenez-moi en pitié, messire duc, vous en adjure si besoin est...

Et en parlant ainsi , elle se jeta à ses pieds qu'elle arrosa de ses larmes, embrassa ses genoux et les étreignant à l'étroit de ses deux bras ;

—Pour l'ultime fois je vous clame merci et indulgence de ma dureté, contiuua-t-elle d'une voix étouffée, en crainte qu'elle ne parvint jusques aux oreilles du roi. Baillez-moi sus et tôt notre contrat de fiançailles, et mussez-vous en ce retrait ; la porte close, il ne saura que vous lui avez demandé refuge.—Et du doigt elle indiquait un cabinet lui tenant lieu de vestiaire. — C'est une femme qui vous prie et supplie, duc, une femme à vos genoux. Pour mon honneur, pour ma renommée, agissez à ma guise... Oh ! pitié !... pitié ! à tant d'émotions ne saurais commander un plus long-temps, achevat-elle en tombant à la renverse.

En présence de cette femme en pleurs, gisante à ses pieds, pâle, émue, la chevelure en désordre et tout aussi pantelante qu'une colombe aux serres d'un vautour, le grand écuyer était statue. Et pourtant quelque chose d'insolite se passait en lui. Son cœur était devenu le foyer des sentimens les plus opposés. L'amour et la haine, la vengeance et la générosité y fermentaient et bouillonnaient à ne savoir auquel de ces sentimens il requérerait conseil. Il vint enfin à penser qu'il était chevalier et la générosité dut l'emporter.

— Malédiction! dit-il à l'adresse de Gabrielle, fais état de ce que je vais te prédire : l'amour que tu voues au Béarnais te portera malheur; et tu le paieras de ta vie. — Ains puisque tu veux à toutes fins notre contrat de fiançailles, eh bien! le voyez-ci!..

Arrachant aussitôt sa casaque, et montrant à nu sa poitrine labourée au vif par ses ongles rouges de sang, il en tira un parchemin qu'il jeta à terre, et s'élançant tout d'un trait dans le cabinet, il ajouta :

— Lacheté! lacheté! le duc Roger de Bellegarde est vaincu par les pleurs d'une femme.

— Nenni, duc, fit Gabrielle se relevant en grand' hâte et le cœur allégé, dites, la vengeance déconfite par la générosité, et aurez ainsi raison.

— Mogrebleu! est-ce raillerie de votre part, ma dame?.. se récria Henri-quatre à l'ouïr à demi de ce colloque. Depuis quel temps avez-vous valet de chambre vous prêtant son aide à votre toilette. Par la morgaine! sacra-t-il, en secouant la porte dans ses gonds, à faire croire qu'il allait la rompre, ouvrez sus de par le roi et mon commandement, sinon fais voler l'huis en éclats et ne sais à quelle borne s'arrêtra mon ire. Hâtez-vous Gabrielle, si n'ambitionnez que par un plus ample retardement, mes doutes et soupçons ne se muent en réalité. — Par la croix de mon épée! faudrait-il d'aventure donner l'assaut à votre chambre tout comme à ville battue en brèche?..

— Ne perdez patience, sire, dit Gabrielle, marchant lentement à la porte, plus pâle qu'une trépassée et tremblottant à l'égal d'une feuille agitée par le vent. De close qu'elle était, la porte fut enfin ouverte; tout aussitôt quoi :

— Dieu vous gard' Henri! s'écria Gabrielle d'Estrées avec un rire forcé sur les lèvres. Mais que vois-je, poursuivit-elle en faisant l'étonnée, sommes-nous jà au joyeux temps des mascarades pour jouer au naturel le semblant d'un garçon-meunier!

— Foin de ces sornettes et à mille diables de pareilles billevesées, fit le roi sur un ton peu courtois! Avez peu cure, il m'appert ma dame, des risques et périls à courir pour vous venir voir. Dites ça, n'étiez seule ici, d'où vient dont pourtant que n'y avise aucun... demanda-t-il en furtant du regard?

— Faites excuse, Henri, ma chambrière est là en cettui retrait mettant de l'ordre en mes effets de femme. Icelle, par ses malefaçons et maladres-

ses, m'a incitée à me colérer à outrance à son endroit, ce dont me pardoint le Dieu bon! De là
sire le grief émoi où me voyez, ajouta en manière
d'excuse la belle Gabrielle, la figure tout envermillonnée du feu du mensonge.

— Vous mentez-là en beau rouge, madame, que
le cramoisi vous monte à la joue, en galopant
vers le front, répliqua tout soudain Henri IV en
attachant sur sa maîtresse un regard si fauve qu'il
semblait la fasciner. Il y a quelque chose d'étrange
ici, poursuivit-il, précipitant demande sur demande. Que se brasse-t-il donc céans? — Pour Dieu!
suis véhémentement en appétit de le savoir! —
D'où naît ce désordre en votre vestiture, et quel
en est le facteur? — Ces larmes, ces soupiremens
que vous étouffez à grand' peine, ne sont larmes
ne soupirs d'amour que je crois. Quel sujet blèmis-
sait vos joues, moi entrant, et de blèmes les a
faites pourpres incontinent? — Ains par le corbleu!
qu'est-ce cela?.. acheva-t-il en avisant à terre le
contrat de parchemin, que dans son trouble, Gabrielle n'avait point pensé à céler en un coin de
bahut.

A la vue d'une pareille négligence elle rou-
git et pâlit tour-à-tour, ne sachant que répondre.
Voyant enfin que devant une semblable pièce d'ac-

cusation, il était hors de saison d'user de subter-
fuges et de feintes, elle résolut de tout découvrir
au roi.

—Sire, dit-elle, vous voyez le contrat portant
par serment de nos pères, promesse de noçage entre moi et votre grand écuyer, lequel ayant connaissance de votre amour à mon endroit, décharge
de son serment le marquis de Cœuvres, en lui baillant à discrétion cettui parchemin.

—Ventre-Dieu! il est donc ici, clama Henri, les
yeux ardents, et dégaignant sa lame célée sous sa
veste de meunier.

—Henri, fit Gabrielle, qui ne pouvait braver
un plus long-temps le regard accusateur de son
amant, si à cette heure les faux semblants m'acca-
blent, la vérité m'absolvera, n'en doutez. Adonc
oyez-moi de grâce, par avant que de me senten-
cier, dit-elle en se jetant à ses genoux.

—Vous êtes donc bien coupable, ma dame,
pour impétrer grâce à genoux?.. demanda le roi
d'une voix lugubre, comme le dernier coup de
cloche sonnant un glas, et laissant tomber sur Gabrielle un regard flamboyant de colère.

—Grâce! grâce! sire, clama celle-ci terrifiée
par la puissance de son regard. Ecoutez à moi devant que de porter ma sentence. Il n'est si chétif

coupable qui n'obtienne de soi défendre, et moi je ne suis pas coupable, mon bon Henri.

—Ça, faites réponse à ma demande : le galant est donc en cettui châtel, maugré ma défense et votre serment, dites?..

—Sire, me cuidez à juste titre nette de tous faits et actions idoines à porter nuisance aux sermens d'amour et de fidélité à vous jurés par ma bouche. Endà! suis-je innocente en tout point.

—Vrai-Dieu, dit le roi jouant des sourcils, vous admontrez-là hardiesse à brasser rendez-vous et soutenir que cela n'est!

—Foi de moi! Henri, continua Gabrielle d'Estrées la voix entrecoupée de sanglots, j'en atteste le ciel qu'il ne s'est rien passé céans qui ne soit à avouer. Fi de telles suspicions! Adonc, Henri, à ma prière, rentrez sus votre colère en vous-même tout comme votre lame en son fourreau.

Au même moment où Gabrielle prononçait ces dernières paroles, il se fit dans le cabinet où s'était retiré le duc de Bellegarde un bruit semblable au grincement d'une porte tournée en des gonds rouillés. Ce que ayant entendu :

—Quel tracas se mène en cettui retrait, demanda le roi prêtant l'oreille. Mogrebleu! nul ne fera obstacle à mon envie d'en connaître le pourquoi.

A désir exprimé aussi impérativement, un frisson glacial s'empara tout aussitôt de Gabrielle de la tête aux pieds. Saisissant alors le roi par le bras elle s'écria :

—Sire, pitié de moi! vous en prie et ressuplie!

Et elle ne put en dire davantage; car sa langue était collée à son palais, et sa voix ne pouvait plus sortir de sa poitrine oppressée par des sanglots. Mais le roi, l'entraînant de force avec lui, fit voler la porte en éclats du pommeau de son épée, et se précipita dans le cabinet... il n'y vit personne. Seulement la fenêtre était toute grande ouverte.

—Madame, voyez-ci votre condamnation, dit-il en lui montrant la verrière. Vous m'avez trahi; ainsi donc mentiez par votre langue, en vous proclamant innocente.

—Oh! répondit-elle, en tombant à ses genoux, si j'étais certaine que telle idée fut plantée en votre âme sans nourrir onc l'espoir de l'en déraciner; souhaiterais trépasser à l'heure même, sire. — Au demeurant, quantes fois vous ai-je jà trompé?.. Adonc, par le fruit de nos amours! faites enquête de la vérité, Henri, ne la redoute aucunement.

Le ton calme et résigné avec lequel Gabrielle d'Estrées venait de prononcer ces dernières paroles, parurent faire une vive impression sur l'esprit de Henri IV. Il aimait trop sa maîtresse pour croire à une infidélité de sa part, alors surtout qu'elle lui affirmait son innocence par de beaux serments. Si jusque là il avait paru suspecter la véracité de ses excuses, c'était moins pour les révoquer en doute, que pour avoir le droit de chasser loin de sa pensée, ce soupçon infernal qui s'attache à l'amour le mieux senti et le poursuit sans-relâche. Pour la première fois un éclair de jalousie était venu sillonner son âme et déchirer son cœur. Il avait suffi de la présence d'un rival, bien que moins heureux que lui, pour allumer cette passion dont il n'eut pas le temps de connaître les fatales conséquences, grâce à son empressement à éloigner le duc de Bellegarde de l'objet de ses affections.

Durant quelques minutes, qui furent des heures pour Gabrielle, Henri IV, la tête inclinée, les bras croisés, triste et rêveur comme un homme, qui, après avoir soutenu une lutte où son honneur et de vifs intérêts se trouvaient engagés, hésite à prendre un parti décisif, cherchait à se rendre compte de ses émotions et à sauver sa maîtresse des angoisses qui lui torturaient le cœur.

Durant ce temps, Gabrielle, pâle, agenouillée,

les mains jointes, les yeux fixement attachés sur Henri IV, le souffle suspendu sur ses lèvres pour ainsi dire, était calme et résignée. A la voir ainsi immobile, on eut dit d'une de ces madones de marbre blanc, telles qu'on en trouve dans les nefs des églises. Enfin Henri IV releva la tête... et elle respira à son aise, en voyant le front déridé de son amant. En moins d'une seconde, la confiance était descendue en son cœur et elle renaissait à l'espérance.

En effet, après ces quelques minutes employées à réfléchir, la figure du roi était redevenue placide; son regard courroucé avait repris sa douceur habituelle; ses traits tout-à-l'heure bouleversés par la jalousie, étaient calmes maintenant, et on y lisait cette expression de bonté qui inspire la confiance à l'innocent et rend l'espoir au coupable.

Henri IV, rompit enfin le silence, en fixant amoureusement sa maîtresse :

—Gabrielle ma mie, dit-il, j'estime ce enfin entrevoir le vrai. Un mot encore sur ce sujet : à sa venue, étiez-vous préparée?.. Parlez vite et tôt, franchise est souventefois mère de pardon.

—Sire, mon bon sire, déportez-vous de cuider que ce fut, dit en toute hâte Gabrielle.

—En le cas, votre parole, demanda le roi.

—Foi de moi, Henri, et ça, la main sur la conscience. En plus, vous le jure et rejure, entre lui et moi ne se passa rien de apte à faire tache à mon honneur, non plus porter damn' à notre amour. La remise de cettui contrat, ayant que trop parfourni texte à notre glose, las! aussi à mes larmes, sanglots et regrets.

—Lors, j'y crois, dit Henri à sa maîtresse en la relevant et en étreignant ses deux mains blanchettes dans les siennes; un baiser, belle d'entre les plus belles, et perdons à toujours le passé de remembrance.

Comme le roi rentrait en la chambre de Gabrielle, il aperçut à travers la verrière Bellegarde, pareil à un larron que galope la peur d'être appréhendé, se glissant le long des courtines et cherchant une issue par une poterne, pour gagner au plus vite le large par les champs. Puis, le roi, avisant tout soudain, le capel de son grand écuyer délaissé par oubli en la chambre, la fenêtre ouverte, il le lui jeta par les airs, ajoutant à son adresse.

—Duc, Roger de Bellegarde, ce n'est indice de prudence de courir si très fort à travers champs, et ce, le chef à nu. Adonc, en crainte que ne gagniez refroidissement en votre courre et par suite pleurésie, chose malsaine de soi, à vous votre capel ci-oublié!.. de la part de madame Gabrielle d'Estrées.

— La raillerie est verte, sire, murmura cette dernière non encore remise de son émoi.

— Ores ma toute belle, dit Henri, qu'ai ajouté
fiance en vos sermens, ne songeons plus qu'à bien
mener à l'avenir nos gentilles amours, et par avance
à festoyer la venue en cettui monde de notre petit
enfançon.

A compter de ce moment, Henri IV et Gabrielle ne sentirent plus qu'un désir poindre en
leur cœur, celui de cimenter la paix par des baisers
d'amour et moyenner un raccommodement sans
fin, par des sermens de fidélité à toute épreuve.
C'est pourquoi sans tirer inquiétude du temps qui
marchait vite en sa course ainsi consumé tout à
plein à filer le parfait amour, le Béarnais devisait
chaudement en tête à tête avec sa belle maîtresse;
quand tout-à-coup arriva à leurs oreilles, un grand
bruit qui se passait dans les montées. Henri IV courut aussitôt à la porte pour s'enquérir d'une pareille
rumeur. Quel fut son ébahissement en avisant ses
officiers les plus féaux portant aussi le harnais de
guerre sous la veste de garçons-meuniers?

— Vive-Dieu! c'est Rosny, Crillon, d'Aubigné,
si ne me trompe. Holà! qu'avise les autres... Mes
braves soyez les bienvenus, tout tant que vous
êtes, s'écria le roi, on est jamais de trop en com-

pagnie de véritables serviteurs. — Or sus entrez-ci, que vous présente à ma dame ma mie, la plus belle et la meilleure qui onc fut. Saluez madame Gabrielle d'Estrées, à notre premier-né comtesse de Monceaux. Surtout l'aimez à l'instar de votre roi, ce qui n'est peu dire vu que l'aime tout autant qu'il se peut aimer.

Après que la cérémonie des bonnetades, révérences, Dieu vous gard' et baise-mains eut été menée à bonne issue ;

— Ça, ajouta le roi Henri, s'adressant à ses officiers, quelle nouvelle me venez-vous bailler, bonne j'ai idée, à voir vos visages du tout rayonnant d'heur. Ça, contez-moi le cas : à toi la parole, Crillon mon brave!

— Sacre et Dieu! fit aussitôt celui-ci, sacrant et jurant selon son habitude à tout propos, comme un véritable lansquenet, sire venez ça et au plus vite mille tonnerres! Votre artillerie joue sa musique et fait sauter, baller les courtines et bastions de la Ferté-Milon, tant et si bien par ma foi! que bonne et large brèche s'ensuit à l'heure qui sonne. A mille chartées de Diable la bicoque qui nous occupe tout autant que ville forte au possible! Or, ventre-Dieu! êtes vous encore à savoir, sire, que la fête ne serait pas complète, vous absent?...

Adonc, ne vous voyant apparaître de la journée au camp, après maintes recherches, maints appels faits de votre majesté, le tout en vain, lors un chacun de nous se douta du motif de votre disparition inopinée. Sur ce, avons pris la direction de la vicomté de Cœuvres, avec la persuasion en l'âme de vous trouver ci ; et à cette fin corbleu ! de vous faire escorte au rattourner, en crainte de traîtrise de la part de ces damnés ligueurs qui n'ont vergogne de battre les champs, ne plus ne moins que s'ils étaient reçus clercs de la confrérie de Saint-Nicolas.

— Sang-de-ligueur ! bonne nouvelle, et grande liesse, mes amés, s'écria le roi sur ce propos ! La brèche est ouverte, à votre dire... Cape de Béarn ! dès le retour au camp, de par mon ordre faites sonner l'assaut, puisse-t-il être le postrème de tous. La ville ensemble la citadelle une fois prises, le jure par ma bonne épée ! les mettrai toutes deux en état tel, qu'elles n'auront désormais désirance de soi rebellionner à l'encontre de leur souverain légitime. — En attente de quoi, mes compaings, comme l'appétit je m'imagine, vous laisse moins le ventre que la tête en repos, sus et sus en la salle de banquet : me suive qui a faim !

Nul ne se fit prier, et la provision d'appétit que chacun avait gagné par le chemin, fit trouver à tous le menu digne d'un roi, malgré que préparé à la hâte et de moyenne apparence. Jusqu'au vin du crû, versé par la belle Gabrielle, faisant office d'échanson, fut trouvé digne de rivaliser avec celui de l'Orléanais, et ne laissa pas que de faire venir aux lèvres des officiers, de galans propos, de courtois devis et d'amoureux refrains.

Après avoir imposé silence à ses entrailles qui criaient famine, Henri IV estimant par le sien, l'appétit de chacun de ses féaux satisfait, se prit à dire à l'adresse de sa belle amie :

— Ça, mon menon, il m'appert près de vous que les heures ont le pied leste, que voici jà tomber la nuitée sans y penser, et l'étoile de Vénus briller radieuse au firmament...

— Voire, sire, interrompit Gabrielle jetant furtivement le regard par la verrière, arregardez donc de quel éclat est son bril! Aucun nuage ne le jalouse pour le moment en l'enveloppant de ses ailes ténébreuses.

— Par le Dieu Cythéréen! ainsi en sera désormais de notre amour ; plus de nuage, est-ce pas ange?.. fit Henri, entre deux baisers chauds d'amour plantés sur les joues de sa belle maîtresse.

—Endà! endà! répondit celle-ci avec un soupir à demi-réprimé. Oubli du passé et fiance en l'avenir, sera désormais la notre devise en l'art d'aimer, est-ce pas Henri..?

Après ces propos :

—Holà! mes amés, videz les gobelets aux longs jours de notre belle hôtesse et tôt en route, ordonna le roi. Voici qu'il se fait nuit close, le moment est propice. L'obscurité nous sera en aide en notre course nocturne, pour n'être point vu par les maraudeurs de la ligue.

—Quoi! jà départir... fit gentiment Gabrielle avec un air avenant et une voix caressante.

—Oui-dà! belle d'entre les plus belles, l'honneur me convie à me retraire de toi; ains aussi tiens note, que l'amour à tantôt me retrouvera fidèle au rendez-vous, et ce, par la morgaine! avant un petit, ai bon espoir.

—Pas encore assez petit, ajouta Gabrielle; et à quand ton rattourner près de moi, Henri?

—A quand ma mignonne?.. ventre-saint-gris! viennent les habitans de la Ferté-Milon à entrer en composition et Cœuvres me revoit incontinent, te certifie.

Chacun des officiers du roi était déjà sur pied, attendant de sa bouche le signal du départ. Après les baisemens en grande largesse donnés de part et d'autre, Henri IV se décida enfin à prendre congé de sa belle maîtresse.

Il n'est pas hors de propos de dire ici, qu'après cette visite du Béarnais au manoir de Cœuvres, il ne se passa point un long-temps, sans qu'il ne fut venu à la connaissance de Gabrielle d'Estrées, que le roi Henri IV, en intention de récompenser son grand écuyer, le duc Roger de Bellegarde, de ses loyaux services, venait de lui confier le gouvernement de sa bonne ville de Quille-Bœuf en Bretagne, avec injonction de n'en pas sortir sans un ordre exprès.

LA NAISSANCE DE CÉSAR,

DUC DE VENDÔME.

L'an 1594 le
2ᵉ de Jvin entre 12
et 1 du jour naqvit
en ceste salle et fvt
depvis baptisé en la cha-
mbre de dessvs Cæsar légi-
tmé de France dvc de Vend-
osme prince de très gra-
nde espérance fils dv très
chrestien très magnanime
très invincible et très cl-
ément roy de France et
de Navarre Henry 4ᵉ et
de madame Gabriel-
le d'Estrées duchesse
de Beaufort.

Inscription gravée sur une table de marbre à Coucy-le Château.

1594.

Après cinq années de guerre civile où figurent
les journées de Coutras, d'Arques et d'Ivry, le roi
Henri IV de populaire mémoire, venait enfin de
se rendre maître de sa Capitale, quasi sans coup
férir. Dès le premier jour qu'il se fut assis sur son
trône au Louvre, il songea à profiter de l'état de

stupeur dans lequel la perte de Paris venait de plonger la ligue, pour lui porter le coup de grâce, en allant mettre à l'improviste le siège, devant le petit nombre de villes et forteresses qui tenaient encore en faveur de Mayenne. Il fut donc résolu en son conseil, que le maréchal de Biron irait au plus tôt investir la ville de Laon, et que lui, irait le rejoindre dès que les travaux du siège seraient commencés.

En effet, aussitôt qu'Henri IV eut octroyé aux officiers qui abandonnaient Mayenne pour venir se ranger sous sa bannière, la permission de lui présenter leur foi et hommage; qu'il eut reçu, chemin faisant du Louvre à Notre-Dame, où il allait entendre un *Te Deum* chanté en l'honneur de sa bien venue, les clefs de Paris à lui offertes en un plat d'or par le prévôt des marchands; qu'il eut banni de ses murs une centaine des plus outrés ligueurs, boute-feux des désordres en ces temps d'anarchie; qu'il eut licencié les dernières troupes Espagnoles qui s'y trouvaient encore; qu'il eut enfin pourvu à la sûreté de sa capitale, il se mit en devoir d'aller rejoindre son maréchal posté devant Laon.

Jusques alors Henri IV avait caché à sa belle et jeune maîtresse Gabrielle d'Estrées, enceinte de puis tantôt sept mois, ses projets d'absence loin d'elle, de crainte de métamorphoser sa joie en tristesse. Mais enfin lorsqu'arriva la veille du départ, ne pouvant plus long-temps lui en faire un mystère, il vint la trouver à cet effet, et lui dit d'un ton dolent:

—Mogrebleu! mon menon, besoin est de nous séparer encore pour un petit; ains aussi gardons bonne fiance que ce sera pour l'ultime fois.

Et le roi prononça ces paroles, comme un homme qui vient de se débarrasser d'un aveu qui lui coûtait à déclarer.

— Par mon bon ange Gabriel! Henri, que me venez-vous débiter là?.. fit aussitôt Gabrielle avec de grosses larmes roulant comme des perles fines dans ses beaux yeux bleus, et se croisant les deux mains. Menez les choses comme il vous duira, mon gentil sire; mais toujours est-il que n'entends de cette oreille. Huit jours consumés loin de vous, sont pour moi plus que huit longues et très longues années; que sera-ce adonc si restez des mois absent? Sais trop ce qu'il en coûte de vivre loin de son bien-aimé: m'avez baillé loisir de l'expérimenter, ce durant qu'accomplissiez exploits à faire vivre votre nom dans les siècles à venir. N'avais lors qu'un seul souci au cœur, c'est à savoir, de n'y assister pas. Ce pour quoi ai-je fait par-devant Dieu, beau serment de suivre désormais vos pas, partout où de les porter il vous serait duisant. Par la sainte messe! depuis votre entrée au giron de l'église catholique, vous estime trop bon chrétien, sire, pour cuider que ne tiendriez pas en respect, vœu juré au pied d'un autel. De ce penser, ai-je eu tort ou raison,... hein?

—Ventre-saint-gris! ma belle, me la baillez bonne au moins la couleur! et le vœu arrive, par les saints canons de l'église! tout comme marée en carême, m'est avis. Admettriez-vous d'aventure, mignonne, dans les choses possibles, de pouvoir mener la vie des camps, avec ventre rondelet comme cettui-là que portez présentement? Nondéà! Adonc, pourpensez plutôt à soigner-ci en mon Louvre, le fruit de nos amours, et conduire à bonne issue l'œuvre tant bien encommencée. A cette cause, veillez à ce que nul ne lui porte damn et Saint-Médard vous vienne en aide et reconfort pour la délivrance du mal de neuf mois.

—Sire, à quelle fin cette rigueur du tout inintelligible à mon entendement? En grâce, vous prie et ressuplie, m'aidez à la comprendre. Ou mieux faites que ne vous quitte d'un pas, si tenez à cœur que ma tristesse ne tourne à nuisance à notre enfantelet à venir.

—Mort-Dieu! composons ma Gabrielle. Pour en finir avec la ligue et n'en entendre plus parler, ce qu'il me tarde moult de parfaire, besoin est que je paye de ma personne. Cela posé, comment arriver au but, vous étant à mes côtés! Comment ne pas dévier un tantinet de mon devoir, et n'être pas distrait des commandemens à licencier, en venant à cogiter à l'amour qui nous arde conjointement! Comment ne sentir pas mollir le courage en avisant larmoyer deux beaux yeux et oyant une bouche vermeillette vous obsécrer de ne courir pas tant gros risques et périls! Dites belle, à ce ne vous rendrez-vous pas?..

— Nenni-dà! m'honorant mon gentil sire, d'être auprès de vous au même titre, qu'au temps jadis, dame Agnès Sorel à l'endroit de son royal amant, Charles le septième du nom. Icelle conviait son féal amé à déserter la bannière du Dieu Cupido, et ce, pour aller férir de bons coups en guerre et bien mériter pour la gloire. Ainsi ferai-je moi, vous encourageant de la voix et des gestes, au rebours de vous inciter à ne pas tant vous exposer.

—Hors de la portée du danger, tel débit sied à bouche de femme, riposta le roi Henri; mais, tête et sang! quel me dit que votre cœur ne défaillera mie à l'ouïr des arquebusades, canonnades, et clameurs poussées par mes hommes-d'armes férus et férant et roulant tout meurtris de dans les fossés! Ça arrépondez, amie chérie, qu'il m'advienne horion quelconque, ce dont me préservent Dieu et ses saints! n'est-ce pas jà à suffisance d'en recevoir le malencontreux avisement à trente lieues de distance, sans pour ce repaître vos yeux du spectacle d'une plaie au vif?.. C'est affaire à maître Alibour, mon médecin et non autre, que je sache.

— Sainte-Vierge! pour quoi telle appréhension? Dieu qui jusqu'à ce jour-ci, vous a gardé de plus d'un poignard de Jésuite, pour vous amener en votre Paris, et faire seoir sur le trône de vos ancêtres, saura bien aussi vous protéger encontre tout hazard périculeux, mêmement laisser à votre disposition de longues années à cette fin de cicatriser les plaies dont la France est souffreteuse. Sur mon avis, n'entretenez à cet égard aucun doute en votre imagination. — Au demeurant, Henri, me faisant proche toi, ne serai-je pas ton bon ange Gardien? tu sais, ton ange Gabriel, comme souventefois tu m'appelles... fit la malicieuse, cajolant le roi de ses baisers, caresses et sourires amoureux.

— Vive-Dieu! ma toute belle, avez parole en bouche mêmement qu'un avocat à mon parlement, j'ai idée, éclata le roi avec accompagnement de gros rire. Par ma foi! décidément a raison, maître Guillaume mon bouffon : « ce que femme veut Dieu le veut. » De grâce, ma gente Gabrielle, indique à moi moyen quelconque de te résister plus amplement, car suis encore à sa recherche. — Allons, tôt à tes paquetages, ma mie, et au jour de demain, à l'aube pointante, nous départirons en compagnie de bons serviteurs pour le château de Coucy. De cette place, il me sera loisible de diriger les opérations du siège de Laon, voire de les pousser vivement, que si besoin, de ce, me requerre. De la sorte arrêté le tout sera pour le mieux, que j'ai avis. — D'aprésent la décision vous agrée-t-elle, belle dame, fit Henri IV avec un sourire goguenard à l'adresse de Gabrielle?..

Baisers d'amour plantés sur les lèvres du roi et sourire des plus avenans, composèrent sa réponse.

Au jour suivant, Henri IV et Gabrielle d'Estrées escortés d'une nombreuse suite, étaient rendus avant la chute du jour au beau château-fort de Coucy, dont le nom seul rappelait de si touchants souvenirs d'amour et de vaillantise. Eloigné de la ville de Laon d'un trajet qu'il pouvait parcourir en quelques heures, le roi, ne laissait passer deux journées, sans aller animer par sa présence l'ardeur de ses gens-d'armes, les appelant ses enfants, sacrant avec eux par la corbleu! mangeant de leur pain et leur donnant l'exemple du travail à la tranchée, en maniant de concert la pelle et le hoyau, tout aussi bien que l'épée en un jour de bataille ; ce dont tous s'émerveillaient très grandement. Aussi, vit-on souvent le roi revenir à Coucy, pieds et mains garnis d'ampoules, bénissant néanmoins son heur de pouvoir aviser à son retour si gentille dame que sa Gabrielle, pour l'aider à perdre de souvenance sa lassitude du jour.

Les travaux du siège durèrent quelque temps, vu la quantité à parfaire contre une ville déjà si bien défendue par la nature ; et les journées qu'on passa devant la place furent consumées en escarmouches menées de part et d'autre avec égale fortune. Ainsi s'écoula le mois de mai de l'an 1594, avant que la ville de Laon ne demandât à entrer en composition, après bonnes et larges brèches faites à ses murailles.

Ce durant, le ventre de la belle Gabrielle d'Estrées allait s'arrondissant chaque jour à sa grande joie, comme à celle de Henri IV, qui se voyait enfin à la veille de pouvoir compter au moins sur un héritier à sa couronne. Or, par une belle soirée que revenu du camp, le roi, retiré seul avec sa maîtresse faisait voler les heures en devis et propos touchant le petit roitelet à venir sous peu :

— Ça, mon bon Henri, objecta Gabrielle en brisant le sujet d'entretien, il se fait jà un long temps que suis tienne d'amour et d'amitié, mais non encore par le fait des noçages; d'à présent que vais t'avoir rendu père, à quand nos épousailles?

— A quand, mon amour?.. Par la morgaine ! ne tire inquiétude ne souci du retardement. Que la paix fleurisse en mon royaume , lors aussitôt t'atteste et proteste que mon cardinal Duperron aura charge et mission de traiter en cour de Rome de mon démariement avec la reine Marguerite. Sang de Béarn! C'est pâtir un trop long-temps qu'elle éclabousse mon pourpoint royal de ses accointances lucidifiques avec le premier goujat venu ; et tiens ma toute chère qu'il me tarde autant qu'à toi d'aviser ta belle tête blonde fleuronnée d'une couronne de reine.

— Nargue de ta Gabrielle ! mon doux sire et maître, si entretiens idée d'aller dorénavant à l'encontre de ton bon vouloir. Adonc patienterai de mon mieux, bercée par l'espoir qu'un beau jour luira dans ma vie, où serai par-devant Dieu tienne épousée et saluée en cette qualité par tout chacun.

—Foi de moi! mon ange, induis du passé prévision pour l'avenir. Jà ai laissé ma Margot faire la ribaude à souhait et ériger en clapier digne de la rue Froid-Mantel, son manoir d'Usson en Auvergne, m'admontrant peu curieux d'assavoir ses exploits de galanterie, le tout pour t'aimer, est-ce pas vraie vérité... hein? Adonc aie bonne fiance, ma mie, qu'après ce, il ne m'en coûtera aucunement de voir bulle papale, s'en venir à travers le traité qui m'unit à la fille des Valois par-devant l'église, et le dérompre à tout jamais pour faire place au nôtre.

On était aux premiers jours de juin. Gabrielle ne comptait plus que par heures, et s'attendait d'un moment à l'autre à se voir délivrée de son amoureux fardeau. Le roi, qui ne s'absentait plus de Coucy qu'à de rares et petits intervalles, afin d'assister à la délivrance de sa maîtresse, avait fait monter une riche couche à baldaquin empanaché, non pas en sa chambre ordinaire si élégamment décorée d'inscriptions galantines, de couronnes royales enlacées de branches de lauriers, mais bien dans la grande salle d'apparat du châtel, *la salle des neuf Preux*, afin que l'appartement fut en tout point digne d'une reine et de l'enfant d'un roi. Là se trouvaient des nattes et des tapisseries de haute

lisse, des boiseries sculptées et ornées de glaces de
Venise, des statues en marbre représentant neuf
preux à beau renom tant anciens que modernes,
des chaires richement travaillées à jour et délicatement ouvragées, des pieds de lions bellement ciselés supportant des tables variées en forme, des
pliants et chaises-longues à cuir rouge de Cordoue,
et maintes autres pièces d'ameublement. Puis aux
fenêtres, brillaient des vitraux, hauts en couleur,
représensant les armoiries et les beaux faits des anciens hôtes de céans; qui Enguerrand deuxième
débellant à lui tout seul un lion, et l'occisant bravement de sa hache-d'armes; qui le prieur de Nogent, chevauchant sur sa mule isabelle au milieu
d'une grosse foule de populaire, pour venir rendre
foi et hommage au lion des Enguerrand, taillé en
pierre et faisant sentinelle à la porte du château;
plus loin on le voyait lui tirant sa révérence à l'é-
gal d'un vassal à son seigneur-suzerain, et lui offrant
des rissolles; qui reproduisaient de hauts barons de
Coucy, priant Dieu bien dévotieusement, mains
conjointes et genoux en terre, le tout avec de belles
sentences et maximes relatées aux saints évangiles.
Rien enfin n'avait été négligé pour faire de cette
salle une demeure royale.

Ce fut l'aurore du septième jour de juin, la belle

messagère, qui apporta l'avis à Gabrielle d'Estrées
que sa délivrance se faisait prochaine.

— Ça, mon menon, lui dit Henri IV après maints
propos de reconfort aux lèvres, pour l'exciter à
courageusement supporter le martyre de l'enfantement et bien mériter sa couronne de mère, en
échange de mon amour à votre égard, ayez cure
de me bailler un garçonnet, si avez à cœur que ce
septième de juin soit le plus beau jour de ma vie,
comme la nuit de Noël passée à Mantes en votre
compagnie, fut la plus belle dont j'ai gardé souvenance.

— Sire, fit réponse Gabrielle, nourrissez bon espoir que votre désir sera du tout compli. Vous le
dis et répéte, je sens trop geindre et se démener
le marmot en mes entrailles, pour qu'il ne soit pas
un fillet ; en plus, vous le prédis à votre ressem-
blance, dà ! étant de votre pur sang, pourrait-il en
advenir différemment... hein ? Partant courageux
à votre égal, ce qui condamnera au repos, l'espère
bien, maintes langues de cour ne se contentant de
brocarder à l'encontre de ma personne, ains de
piquer comme dard de vipère.

— Oui-dà ! ma Gabrielle, eu égard à ces motifs,
comme des neuf preux ci-présents que j'avise pour-
traits en pierre, n'en est à mon sens de plus haut

élevé en glóire que le capitaine César, par avance
en baillé le nom à notre enfantelet, en espoir qu'il
acquérera renommée à l'égal de son chevalereux
patron; outre que pour complaire à sa gentille
mère, ajouterai celui de duc de Vendôme.

—Ah! sire, dit Gabrielle à demi-voix, est-il
écrit en ses destinées qu'il ne sera onc dauphin?

—Que si, mon amour! mais pas avant le jour
de nos épousailles. Sur toutes choses, n'omettez
ange chéri, de chanter chansonnette à votre guise
en sentant venir l'enfançon au jour. A ce sujet, je
maintiens pour sûr, qu'ainsi faisant, fillet ne devient
de son vivant ne braillard ne grognon. A mon
égard, de la sorte agit Jéhanne d'Albret ma très
noble mère, et n'en suis pas plus malvenu, comme
il appert.

—Delà sans doute, Henri, le pourquoi Antoine
de Bourbon ajouta aux armes de madame votre
mère, une brebis engendrant un lion?

—Oui-dà, corbleu, ainsi faites! Laissez défiler
à femme vulgaire en telle besogne, son chapelet à
Notre-Dame de bon secours et pousser des oraisons à tous les saints du paradis, en espoir d'allégeance à ses douleurs. Pour vous, ma mie, chantez
et le demeurant me regarde. Aussi bien, ai-je grande
désirance que notre petit César sache quel goût a

le vin, par avant que d'avoir sucé le lait de sa nourrice.

Sur ce dit, le roi après avoir baisé sa Gabrielle à la joue pour lui donner du courage, la laissa entre les mains de ses tante et sœur, mesdames de Sourdis et de Brancas, et se retira dans les salles voisines où se trouvait une nombreuse compagnie de féaux serviteurs, attendant tous impatiemment l'issue de la délivrance.

—Ventre-saint-gris! mes amés, ne suis mal content de vous trouver ci... clama Henri IV déjà tout rayonnant de joie, comme s'il était sûr de son fait, saluant de tous côtés, donnant des poignées de main à droite et à gauche, accolant en franche amitié ses plus familiers, et faisant fête à tous. — Encore un petit d'attente, continua-t-il, et n'aurez plus à craindre trétous, que notre cousin le gros Mayenne se coiffe onc de la couronne de France, en cas qu'un couteau ligueur se fasse jour de nouveau jusques à nous ; car ai ferme fiance que madame Gabrielle nous va donner un César...

—Liesse et soulas! sire, dit courtanesquement M. d'Aubigné, à bas toute idée de sang et de deuil en cettui beau jour : ains au rebours devisons de votre petit fillet, la chose le fera arriver plus tôt en ce monde, j'ai avis. Si parle-t-on du soleil, n'en voit-on pas incontinent les rais lumineux?..

— Oui-bien! d'Aubigné, tel dicton me va pour le quart d'heure, et te mercie de me l'avoir remis en remembrance. — Par le Dieu-bon! jamais heure ne m'a semblé marcher si très peu vite en sa course. — Mogrebleu! je cuide que si pour faire avancer la besogne, étais requis d'ouïr dix harangues sans trève aucune, oui-dà! dix harangues tant françaises que latines, voire même grecques, y prêterais volontiers l'oreille, au risque de bailler malhonnêtement au nez d'échevins et pédagogues. — Vraibot! au diable la cérémonie d'enfantement! — Sais-tu bien de Sourdis, que le cœur bat vitement, quand on va devenir légitimement père?..

— Par l'eau du baptéme! sire, répliqua ce dernier, à qui vous adressez-vous! Grâce à madame de Sourdis et les amis aidant, n'en suis-je pas à la onzième épreuve?..

On en était sur ce propos, quand voici que Gabrielle sentant croître les douleurs, fit hâtivement appeler le roi, le réclamant elle-même à voix élevée :

— Par la passion du Christ! acclamait-elle, Henri, mon bon Henri, viens çà sus et sus, en crainte que tu ne sois jouxte moi le petit ayant jà vu le jour... Sainte mère de Dieu! de grâce me prenez moi et mes souffrances en pitié!.. Ah! ah!

murmurait-elle, de peur d'éclater en plaintes et en sanglots.

Le mal d'enfantement allait empirant, et les douleurs se faisaient aigues à jeter les hauts cris : néanmoins, Gabrielle, tenant à cœur de ne fausser pas sa parole, se prit en attendant le roi à gazouiller une chansonnette qu'il avait souventefois à la bouche et dont voici le commencement :

« Et comme la couronne
« Fut le prix du vainqueur...

—Ventre-Dieu ! ma Gabrielle, bon courage ! Avec tant beau début la fin ne pourra qu'être à notre avantage, s'exclama Henri IV de son plus loin et se faisant leste pour accourir, bien que portant salade en tête, corselet au dos, épée au côté, comme s'il se fut agi de marcher à l'assaut. Et comme il prenait la main de sa maîtresse, elle se trouva tout soudainement délivrée sans assistance de médecin.

Le roi, s'emparant bien vite de l'enfantelet, le reconnut pour être un garçon. Sur quoi, faisant ses étreintes douces, il le porta aussitôt en la salle des gardes, s'écriant tout joyeux :

—Rosny, d'Aubigné, Sancy, Saint-Luc, d'O, arregardez donc mon gentil petit César, qui ne

jette de vagissemens non plus de larmes encontre
la coutume des enfantelets de son âge! Dites, est-
ce pas de bonne venue pour la suite? Votre avis à
vous tous, mes sieurs?..

Et ce dit, Henri IV frotta les petites lèvres de
son enfant d'une gousse d'ail, et exprima dans sa
bouche quelques goutelettes de vin vieux d'Arbois
suivant la tradition qui lui avait été contée touchant
sa venue au monde. Puis, la cérémonie du premier
baptême ainsi faite, il effleura de sa moustache
grise les joues rebondies de son cher nouveau-né,
et l'élevant de toute la hauteur de ses bras au-dessus de sa tête, pour le mieux montrer à ses serviteurs, qui faisaient presse à l'entour pour l'aviser :

—Mes amés, acclama-t-il allégrement, voyez-ci
César duc de Vendôme! c'est le fils de votre roi,
aimez-le et le servez à l'égal du père. Un jour se
fera qu'il vous en saura gré et le vous prouvera,
foi de moi!

Après quoi, le tournant et retournant douillette-
ment en ses mains, il se prit à manger de caresses
ensemble de baisers, et sa bouchelette, et ses doig-
telets, et ses petites épaules blanches, potelées,
rondelettes; puis le rapportant en triomphe en la
salle de l'accouchée, il le remit à sa mère, qui,

voyant l'opération menée à bonne fin, larmoyait d'aise et de soulagement à la vue de son enfançon si mignonnet, et lui souriait avec amour, et le baisait avec l'énivrement d'une mère à son premier-né, et lui parlait tendrement comme s'il eut pu l'entendre et lui répondre.

—Mon menon, fit sur ce, le roi Henri à Gabrielle, avez tenu parole en me baillant garçonnet portant nez à la Bourbon; ores à mon tour de remplir la mienne.—Gabrielle d'Estrées, vous salue incontinent comtesse de Monceaux.

—Que ça, Henri, après si gentil héritier à vous baillé? murmura faiblement la belle gisante.

— Vous gardez bien ma belle, de cuider qu'en resterai là; ce n'est qu'un premier échelon pour monter plus haut. Avisez qu'au second enfantement, soit qu'il m'advienne garçonnet ou fillette, il ne me chaille! vous embrasse duchesse de Beaufort.

—Sire, que m'affièrent tous ces titres et honneurs! Las! après votre amour n'est qu'une chose au monde que j'ambitionne. Besoin est-il de vous la recorder..?

—Vienne le troisième, ma mie, et vous fais faire vos relevailles, couronne de reine en tête en église de Reims. Que si pour faire entrer la persuasion en votre esprit, il me faut vous donner ma parole de gentil-homme, foi de moi! de bon cœur vous l'octroie. N'ignorez, j'imagine, comme sait Henri de Bourbon remplir ses engagemens? Adonc à vous, ange chéri, de le mettre à même de les ratifier; ores la tâche vous regarde. — En attente du sacre, Gabrielle ma gentille, règnez sur mon cœur, ordonnancez en mon Louvre tout comme reine de France, car sans prendre souci du contre-dit, si ne l'êtes de nom du moins l'êtes-vous de fait. De le dénier, vous en défie, sans que le rouge de la vergogne ne vous monte au front!

Et ainsi parlant, le roi n'avait cesse de sourire amoureusement à son petit César, de baiser et re-baiser en manière de remerciment, les joues de sa belle Gabrielle, qui, malgré que gisante et souf-freteuse n'avait garde de dire:

— Assez, Henri, assez t'en ressuplie!..

A la naissance de Henriette Catherine de Bourbon, Gabrielle d'Estrées, comtesse de Monceaux, fut saluée du titre de duchesse de Beaufort.

Et à la naissance d'Annibal de Bourbon-Vendôme?...

Henri IV, fidèle à sa parole, témoigna hautement son intention de solliciter près de sa sainteté Clément VIII, la rupture de son mariage avec Marguerite de Valois, dont les débordemens étaient presque passés en proverbe, et qui consentait aisément à renoncer à la couronne de France, moyennant une forte pension annuelle. Le roi ne voulut pas cependant prendre une pareille détermination, sans connaître l'avis de son conseil sur se sujet. Contre son attente, ses familiers manifestèrent une vive opposition à ses projets, comme n'y trouvant aucun avantage pour le pays. Il est même remarquable, que ceux que Gabrielle n'avait cessé de combler de bienfaits, tels que Rosny, Sancy et autres, qui même lui étaient redevables de leur fortune, furent les plus ardents à combattre l'opinion du roi.

Henri, autant par amour pour sa dame que par respect pour sa parole, finit en se prononçant ouvertement, par déjouer toutes ces intrigues de cour, et par aplanir les difficultés qu'on lui suscitait en vain. Le pape paraissait lui être favorable. Les préparatifs des noces étaient sur le point d'être commandés. Le jour même de la cérémonie était secrètement arrêté entre Henri IV et sa belle maîtresse. Tous deux jouissaient à l'avance de leur bonheur prochain, lorsque la jalouse ambition de la sœur du roi, Catherine de Bourbon, en décida tout autrement.

Cette princesse après avoir, durant de longues années, mené une vie d'amour avec le comte de Soissons, fut contrainte, sur l'injonction de Henri IV, de délaisser son amant pour épouser le duc de Bar. Elle entrevit alors l'espoir d'échanger un jour la couronne ducale de son mari, contre celle de roi de France, dans le cas où son frère n'aurait pas d'enfans mâles issus d'un mariage légitimement sanctionné par le pape et la nation. Déjà plus d'une fois l'aversion qu'elle ressentait contre la maîtresse du roi, l'avait portée à attenter, toujours sans succès, à la vie du jeune duc César de Vendôme. Mais voyant enfin que Henri IV ne trouvait sa couronne assurée, que d'après le nombre de ses enfants, elle reconnut alors qu'en tarir la source, était le seul moyen de servir ses projets ambitieux. Donc, pour en venir à ses fins, comptant plus encore sur l'assistance d'un boucon italien que sur celle du hazard, la duchesse de Beaufort fut empoisonnée par son ordre.

Ainsi périt de mort violente, le 9e du mois d'avril de l'an 1599, en la vingt-huitième année de son âge, Gabrielle d'Estrées, de son vivant, comtesse de Monceaux, duchesse de Beaufort, et de plus, maîtresse du roi Henri IV.

Devenue oublieuse de ses titres, la postérité n'a conservé le souvenir que de son premier surnom : — *La Belle Gabrielle.*

FIN.

TABLE

DES

MATIÈRES.